目标问题导向

课程教学理念创新与实践

周如金　著

化学工业出版社

·北京·

内容简介

本书共7章，聚焦国家、学校、专业三大育人目标要求，详细分析课程教学在知识、能力、素质方面的目标要求，结合课程性质与特点，精心设计“目标问题”，将课程的知识体系转化为隐含目标能力和素质的目标问题体系。用“目标问题”组织教学，让教学过程紧扣课程目标，创新地提出目标问题导向课程教学理念，并构建与实践目标问题导向课程教学模式。

本书适合石油、化工等相关专业的教师作为参考，也可供从事相关研究的人作为参考之用。

图书在版编目（CIP）数据

目标问题导向课程教学理念创新与实践 / 周如金著. —北京：化学工业出版社，2024.5

ISBN 978-7-122-45715-8

Ⅰ.①目… Ⅱ.①周… Ⅲ.①教学研究 Ⅳ.①G420

中国国家版本馆CIP数据核字（2024）第103291号

责任编辑：李 琰 宋林青　　装帧设计：韩 飞
责任校对：李 爽

出版发行：化学工业出版社
（北京市东城区青年湖南街13号 邮政编码100011）
印 装：中煤（北京）印务有限公司
710mm×1000mm 1/16 印张13½ 字数150千字
2024年6月北京第1版第1次印刷

购书咨询：010-64518888　　售后服务：010-64518899
网 址：http://www.cip.com.cn
凡购买本书，如有缺损质量问题，本社销售中心负责调换。

定 价：68.00元

序 1

2019 年，我参加了广东石油化工学院本科教学工作审核评估，该校在组织科技创新团队建设和教学改革方面给我留下了深刻印象，特别是在课程教学改革中，为了给学生提供更好的课程，学校让每位教师在每门课程的每次课堂中把学生中心地位落到实处的做法，既有创新，也有成效。用当时分管本科教学工作同时也是本书作者周如金副校长的话说，就是要“让广大教师不再觉得课程教学改革难做”。“教学改革效果好，教师在教学改革中容易产出一些有特色的教改成果”，这是教师主动投入教学改革的直接动力，也是人才培养的重要保障。2021 年和 2023 年，我两次接受该校邀请，参加了该校“目标问题导向课程教学”教学成果的鉴定工作，让我有机会更多地了解学校目标问题导向课程教学理念的提出、实践及推广应用的情况。全校开设的课程中有约 70% 运用了目标问题导向教学设计；近些年获批的 4 门国家级一流课程和 20 多门省级一流课程均采用目标问题导向教学模式；全校有 40 多人次运用目标问题导向理念及教学模式在省级以上各类教学大赛中获奖；学生在评教中，对目标问题导向教学的评价有：“课堂不再枯燥沉闷”“用思维承载知识”“在培养思考思维能力中学习”等。

很多高校提出“以学生成长为中心”的人才培养理念，我在担任中山大学校长期间，也曾提出大学要“善待学生”。“目标问题导向课程教学理念与模式”紧密聚焦国家、学校、专业三大育人要求，详细分析课程教学在知识、能力、素质方面内涵，明确细化课程教学目标。广东石油化工学院围绕这些目标，结合课程性质与特点，精心设计、认真组织，教学过程紧扣课程目标，在课程教学中体现“善待学生”。

在具体的教学实践中，教师设计了基本问题、重点问题、难点问题、实践问题和拓展问题等五类教学目标问题。针对不同类型的目标问题，教师可以灵活运用自学辅导法、探究式、讨论式、项目或案例教学法等，在激发学生学习积极性和主动性中“善待学生”。

总体而言，五类教学目标问题的设计和运用，不仅有助于促进学生自主学习和个性化发展，而且整个课程教学始终紧扣“56字”课程教学目标（激发兴趣、引发思考、训练思维、启迪智慧、有效教学；学生中心、人文关怀、有效学习、理想意志、家国情怀；沟通表达、团队协作、实践创新、担当作为），在“知识、能力、素质”三位一体的自然融合中“善待学生”。

可以说，广东石油化工学院的教学改革实践充分印证在“目标问题导向课程教学理念”中蕴含着思考能力观、科学思维观、激发兴趣观、启迪智慧观、有效教学观、有效学习观、教师主导观、学生发展观、价值塑造观、目标导向观十个方面观点，也进一步证明了“目标问题导向课程教学模式”具有重构教学内容、融入课程思政、打造思辨课堂、培养思辨能力、推进三全育人、建设高质金课等成果特征。

在到广东石油化工学院进行评估和鉴定时，本人也曾建议该校出版一本课程教学改革方面的书籍，为广大致力于课程教学改革的高校和教师提供一个可供参考的教学改革实践模式和方法。近日读到周如金副校长寄来的书稿，该书面向课程教学中存在的若干现实问题，不仅提供了一个教学改革的实践模式，而且回应了新时代如何提高人才培养质量的问题，在理论和实践上均具有较强的借鉴意义。这本书出版在即，本人由衷感到欣慰。

是为序。

2024年4月

序2

高等教育该如何回答好习近平总书记关于“培养什么人、怎样培养人、为谁培养人”这一新时代教育“三问”？该如何落实好立德树人这一教育的根本任务？课程教学无疑是答好“三问”的关键环节和践行立德树人的主阵地。因为课程教学关乎应该教给学生什么、知识应该怎么教才更有助于自然融合“知识、能力、素养”于一体。与BOPPPS、PBL、5E、翻转课堂、混合式教学及对分课堂等课程教学模式相比，有没有一种更易为广大教师所接受且更能体现高等教育课程教学趋势的教学模式？《目标问题导向课程教学理念创新与实践》一书，正是基于上述问题，从概念、理念、模式等方面对课程教学改革进行了深入、系统的探索和思考。

高等学校的教学改革，改到深处是课程，改到痛处是教师。课程“深处”在哪里？教师“痛处”又在哪里？课程教学游离于国家、学校、专业等三个层面对人才培养的目标要求，没有或没有坚持明晰、细化的课程目标，或更多的课程只是传授知识，教师在教学过程中更少有围绕实现知识特别是能力和素质方面课程目标的教学设计，这些应该既是课程的“深处”，也是教师的“痛处”。《目标问题导向课程教学理念创新与实践》一书，分析了课程教学中存在的“十多十少”现象，并提出了导致这些现象的原因，着力探讨“目标问题”概念、“目标问题导向”理念、“目标问题导向”教学模式。

聚焦国家、学校、专业三大育人目标要求，本书详细分析课程教学在知识、能力、素质方面的目标要求，结合课程性质与特点，精心设计“目标问题”，将课程的知识体系转化为隐含目标能力和素质的目标问题体系。用“目标问题”组织教学，让教学过程紧扣课程目标。

特别是基于问题导向，本书设计了基本问题、重点问题、难点问题、实践问题和拓展问题等五类教学目标问题。针对不同类型的目标问题，可以采用自学辅导法、探究式、讨论式、项目或案例教学法，从而在教学过程收到更好效果。教学实践证明目标问题导向教学模式具有重构教学内容、融入课程思政、打造思辨课堂、培养思辨能力、推进三全育人、建设高质金课等实践特征。

本书面向课程教学中存在的现实问题，不仅提供了一个可指导教学改革的实践模式，而且提出了思考能力观、科学思维观、激发兴趣观、启迪智慧观、有效教学观、有效学习观、教师主导观、学生发展观、价值塑造观、目标导向观等十个方面的“目标问题导向”教学理念，这些先进且具可操作性的教学理念对指导和引领高校课程教学改革是有重要意义和价值的。

是为序。

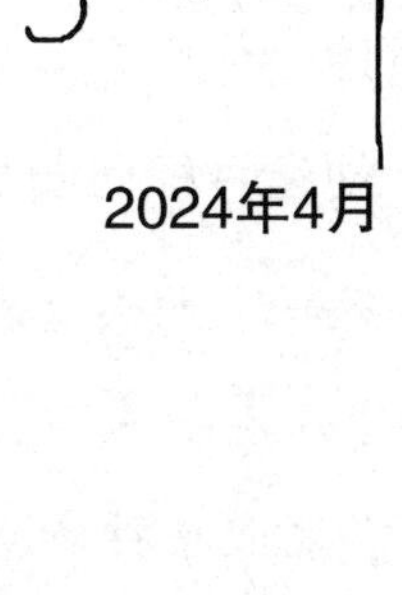

2024年4月

前 言

2023年5月21日，第八届西浦全国大学教学创新大赛落下帷幕，本书作者教学团队成员王丽教授的“《石油化工工艺学》目标问题导向式教学设计创新与实践”获大赛特等奖。大赛组委会的颁奖祝词这样写道：这门课程用五类目标问题重构教学，打造了基本问题、重点问题、难点问题、实践问题、拓展问题的目标问题链，每一类目标问题采用不同的教学方法，形成了由目标问题牵引的教学模式，有显著创新！

坦诚地讲，是否有创新或是否有显著创新，并不是作者提出目标问题导向理念和创建目标问题导向课程教学模式的初衷。出于一名教师的职业习惯或职业情怀，笔者曾写过如下的“天净沙·课堂教学”打油诗，描述课堂教学中存在的较为普遍现象。面对教学改革往往难以推进且教改效果不佳，也曾模仿续范亭的“积习难去——认识与改造”，写了如下的“教改难做——切记不要自以为是”打油诗，描写了教改难做的深层次原因。让教师不觉得教改难做，提高教师教改积极性，从而有效提高课程教学质量，乃是作者提出目标问题导向理念和创建目标问题导向课程教学模式的真正初衷。

天净沙·课堂教学

老师讲台沫飞，

学生课桌神离，

教改难做

——切记不要自以为是

教学大敌谁为最，自以为是属原罪。

素养能力知识。
铃声响起，
树人路仍未已。

学生中心空头诺，一套教案吃到退。
教改最难是积习，育人目标常游离。
立德树人新要求，悟透做实方精粹。

目标问题导向理念和目标问题导向课程教学模式提出以来，特别是作者在《石油炼制工程》课程教学中深入实践以后，目标问题导向理念和目标问题导向课程教学模式得到了许多教师同行的关注和运用。近3年来，作者所在学校开出的约1700门课程中，有约70%的课程运用了目标问题导向式教学设计。运用目标问题导向教学模式开展课程教学创新改革，《石油炼制工程》《化工仪表及自动化》《化工原理》《石油化工工艺学》等4门课程获批国家级一流本科课程，《大学英语读写（一）》《高分子物理（含课程实验）》《模拟电子技术基础》等27门课程获批省一流本科课程。另外，运用目标问题导向教学模式进行教学创新改革，教师中有40多人（次）在西浦全国大学教学创新大赛、广东省教师教学创新大赛、广东省本科高校课程思政教学大赛、广东省青年教师教学大赛、广东省美育教师教学基本功比赛等赛事中获得特等奖、一等奖或二等奖等奖项。

这些教师广泛而深入的实践，进一步丰富了目标问题导向理念的内涵和目标问题导向课程教学模式的实践特征，在此，我要诚挚地向深入实践目标问题导向教学改革的广大教师们表示感谢！

在本书撰写过程中，刘美教授、王丽教授、曾兴业教授级高级实验师、王慧副教授、单书峰博士、孙晋博士、张战军博士等提供或帮助整理资料，特别是曾兴业教授级高级实验师为本书绘制了全部图表，在此，向各位表示诚挚的谢意！

在本书撰写过程中，笔者阅读和参考了许多资料，有些直接引用已经注明，而更多的是作者对原文思想进行吸收、加工后，融进作者观点后的重新表述，在此，一并表示感谢！

由于作者水平有限，加上成书比较仓促，难免有疏漏和不妥之处，敬请广大读者朋友不吝赐教，提出宝贵意见。

周如金

2024 年 3 月于广东石油化工学院

目 录

第1章

绪论

高等教育人才培养质量的有关话题，常见于政策法规、文件报刊，是专家学者所问所呼、业内人士所思所行、各利益相关方所诉所盼的事，受到全社会的普遍关注[1-5]。

本书作者写这本关于高等学校课程（课堂）教学的所思所悟，发笔端于人才培养质量或说课程教学对人才培养质量的极其重要性上，其思路源头就是对“钱学森之问”的一种实践思考、微观思考。作为一名教师，思考教学质量应该是一件自然的事，也是作为一名教师职责内的事情。也许正是出于一位“教师”的分内事，所以本书所思所悟更具有实践性，更趋向于对教育目的或人才培养目标的“知”与紧扣实践教育目的或人才培养目标的“行”的融合。这里讲的教育目的主要指国家关于高等教育“努力培养担当民族复兴大任的时代新人，培养德智体美劳全面发展的社会主义建设者和接班人”的根本要求以及实践回答“教育是国之大计、党之大计。培养什么人、怎样培养人、为谁培养人”这一教育的根本问题。这里讲的人才培养目标主要指各个高等学校的办学目标以及各自具体专业人才培养方案中的人才培养目标，比如，本书作者所在学校的办学目标是“培养人格健全，基础扎实，实践能力强，具有创新精神的应用型高级专业人才”。化学工程与工艺专业的人才培养目标是“培养遵纪守法，具有正确人生观和价值观，掌握化学工程与工艺基本理论、基本知识和基本技能，能够善于有效自主学习、思考和分析问题，具有较强的工程实践能力，良好创新意识和较高综合素质的德智体美劳全面发展的高级专门人才”。

国家、学校、专业均有相应清晰的目标要求（以下简称“三大目标”），实际就是人才培养质量要求。实践三大目标的主阵地在课程、在课堂，课程教学质量是保障人才培养质量最微观、最普遍的问题，也是最根本的问题。如果课程教学质量低甚至没有质量，则人才培养质量必然毫无保障可言。

目前，课程教学质量怎么样呢？课程教学存在哪些问题？导致这些教学问题的根源在哪里？课程教学实践中如何体现三大目标要求？知识能力素养如何在课程教学中融合？课程又如何做到以学生为中心，实现三全育人和有效教学，促进学生有效学习？如何把课程建设成真正的金课？课程教学有无可复制推广的有效模式？

1.1 课程教学存在的问题

目前高等教育人才培养质量存在综合素质不高或应用知识和实践能力不强或创新意识创新精神不强等问题，归根到底还是因为学校办学目标、各专业的人才培养目标没有得到很好的实现。究其主要原因，还是在课程教学上[5,6]。课程教学是高校实现办学目标、人才培养目标的核心环节，也是影响乃至决定教育教学和人才培养质量的关键要素。当前，高校课程教学多采用传统教学模式，且围绕人才培养目标的教学设计少。

综合分析教与学两方面，课程教学存在“十多十少”现象，即：教师中心多，学生中心少；教师讲解多，学生参与少；满堂灌输多，启发思考少；依照课本多，拓展学习少；传授知识多，强化能力少；注重理论多，结合实践少；显性内容多，隐性内容少；注重共性多，体现个性少；应试模式多，综合评价少；教学内容多，教学设计少。

存在这些课程教学问题，其本质是对课程教学的目标思考少，对课程教学应该聚焦三大目标的自觉要求少，课程教学完全游离于三大目标之外，核心问题是围绕课程教学目标的教学设计少。

1.2　课程教学目标问题

教学设计少的根源在于教师的课程目标意识不强。课程究竟应该教给学生什么？课程教学要有一个清晰的目标，课程教学目标应该体现和落实三大目标的要求。课程教学目标既是课程教学的出发点，也是落脚点。

教师应该深入思考并明晰课程教学究竟应该培养学生什么？课程教学中如何落实国家关于立德树人的要求？课程教学中又如何落实学校人才培养目标的内涵要求？课程教学如何强力支撑在专业人才培养中关于培养学生知识、能力、素养的要求以及关于培养实践能力、创新意识和创新能力的要求？知识、能力、素养的内涵究竟该如何理解？如果教师能深入思考这些问题，则一定可以丰富和明晰课程教学目标。

如果教师能认同把激发兴趣、启迪智慧、引发思考、培养思维、强化应用、养成创新意识和创新精神、培养实践能力和创新能力、促进有效学习等作为课程教学目标，则教师主动进行课程教学改革也就有了目标。围绕实现课程目标的课程教学该怎么设计和课程教学怎么组织等问题也就会在持续教改中逐步得到完善。

明确学习目标，激发学习动机很重要。在课程教学之初或教学过程中，教师明确告诉并不断引导学生：跟着课程学习，可以培养学生思考思维能力，培养学生有效学习能力，培养创新意识和创新能力。这会对教师的“教”和学生的“学”产生怎样的影响？

1.3 以学生为中心问题

以学生什么为中心？应该是以学生成长成才为中心。以学生为中心怎么做？打造“以学生为中心”的课堂，建设“以学生为中心”的课程。教师要深刻反思“以教师为中心”的照本宣科，教师在台上激情讲授、唾沫横飞的“灌输式”教学，很难有教师与学生同频共振的参与和交流。

以学生发展为中心，是世界高等教育共同的理念，课程是解决这个理念落地的“最后一公里”[7]，课堂则是解决这一问题无以替代的高地。教师要充分认识到“以学生为中心”的教学，学习目标重点不仅是知识的获得，而更应是能力培养，包括思考思维能力、解决问题能力、协作能力和创新能力。教师更要深入思考应该如何打造以学生为中心的课堂，出发点是清晰的课程教学目标。“以学生为中心”的课堂应该具有这样六个要素：围绕课程目标，精心教学设计；激发兴趣，学生深度参与；引发思考，提高认知能力；培养思维，构建认知结构；整合资源，创设教学情境；注重能力培养，促进有效学习。

1.4 三全育人问题

三全育人即全员育人、全过程育人、全方位育人，不仅是对高校加强思想政治工作的要求，也十分适用于课程教学。课程教学要围绕课程教学目标进行有效的教学设计，需要课程教学团队或教研室全体成员协作参与，全面统筹各领域、校内外的育人资源，建设优质教学团队，**实现课程教学全员育人**。教学团队成员参与课程建设、教学设计、教学场景应用等课前、课中、课后各教学环节，推动知识传授、能力培养与理想信念、价值理念、道德观念教育的有机结合，**实现课程教学全过程育人**。对于课程教学来说，不仅要充分挖掘校内校外的优秀教学资源，为学生提供线上线下、课内课外全方位的学习体验；更为重要的是要充分挖掘行业、企业、地方的思政育人资源，把立德树人立体式、全方位地融入课程教学中；同时，要让教学各环节、各教学场景及体验场景实现有机联动，促进目标、资源、策略、评价等多要素相互融通，**实现课程教学全方位育人**。

1.5 “金课”建设问题

课程本无“金课”与“水课”之分，凡是列入人才培养方案中的任何一门课，对学生知识结构、能力结构以及素质养成均是必要的和重要的。“金课”与“水课”是教师在课程教学实践中的表现。

“金课”具有高阶、对话、开放、知行合一、学思结合等特征，是当前高校本科教学应该加强建设的课程。“水课”具有低阶、灌输、封闭、重知轻行、重学轻思等特征，是应当加以大力革除的课程[8]。

要切实提高课程教学质量，就得合理提升学业挑战度、增加课程难度、拓展课程深度，淘汰“水课”，打造“金课”[9]。“金课”如何打造？余文森等[10]从“课程”“课堂”“课外”“实践”“考评”等五个维度分析了金课建设问题。

笔者认为，“金课”建设目标是培养学生解决复杂问题的综合能力和高级思维，培养学生深度分析、大胆质疑、勇于创新的精神和能力。一门课程是否能成为“金课”，一个重要的判断标准就是其是否有一个清晰的关于学科能力与素质形成方面的教学目标，是否有以目标导向、围绕实践和创新能力培养而进行的高阶化和挑战度方面的教学设计，是否营造一个师生互动、生生互动的轻松活泼的课堂氛围，是否有一个可促进“金课”建设的课堂教学效果综合评价方法。

1.6 创新能力培养问题

创新能力主要是指发现新问题、提出新方法、建立新理论、发明新技术等能力，具体内涵包括：创新思维能力、丰富的想象力、敏锐的直觉和洞察力、持久的注意力和兴趣、分析问题和解决问题的能力、实践能力等。

课程教学中应如何培养学生创新能力？教师有这样七个方面的问题需要面对：

（1）课程知识怎么讲解以及如何引导学生构建关联知识结构，培养基于学科知识的思考思维能力？

（2）如何引发学生兴趣、鼓励学生积极参与，帮学生建立自信，引导学生逐步建立批判性思维？

（3）如何打造以学生为中心的思辨课堂？如何培养科学思维、批判思维和创新思维？

（4）如何培养学生发现新问题、提出好问题，并进一步收集资料、分析资料和得出解决问题结论的能力？如何培养学生表述思想和交流成果的能力？

（5）如何重视和促进学生的个性化发展？如何引导学生开展探究

性学习和培养学生创新能力？

（6）教学设计和教学组织中，教师自身如何提高创造力，促进学生创造意识和能力的发展？

（7）创新不是容易成功的事。教师如何更新观念，创设活泼的课堂气氛，既要培养创新能力，更要帮学生树立远大理想、激发学生创新激情？

1.7　有效教学问题

什么样的课堂教学才有效？教师应该经常反思自己的教学是否有效，主要看课程教学目标的达成程度。有效教学应该体现在下列五个方面：

（1）目标有效：要有清晰、简洁、重难点突出且富有高阶性、创新性和挑战度的课程教学目标是有效教学的开始。内容目标要聚焦高阶，能力目标要聚焦创新，过程目标要聚焦于有一定节奏的挑战度上。要先和学生讲清楚课程目标，让学生在目标任务导向下学习，这样的学习效率会比较高。

（2）教学内容有效：教师要非常清楚一次课讲多少内容，其中重点、难点内容有哪些？以及讲好、学好这些重难点内容需要哪些前置基础知识及关联学科知识。

（3）教学设计有效：要使教学设计有效，一是要处理好学生能看懂的基础知识怎么讲的问题；二是基础知识甚至关联的学科知识讲与不讲的问题。如果不讲，又可能影响重、难点问题的深入学习，如果讲，课程内容低阶成分增加，讲课时间会不够用；三是重难点内容怎么讲，怎么处理深度学习基础知识与重难点内容学习的关系问题。

（4）教学组织有效：包括时间分配、教法设计、活跃课堂气氛。教学过程中教师讲解、提问、小组交流、课堂讲评等各环节的时间分配应预先设计，讲课时要调控好课堂。同一教学内容，使用不同的教法，效果就会不同。要采用多样化教学方法，学生就不容易疲劳，更能调动学生广泛深入参与。要营造轻松和谐、平等的课堂氛围，能让学生专注于教学活动并主动参与其中，激发学生对教学内容强烈的好奇心和求知欲。

（5）教学反馈及点评有效：教学过程中教师要及时掌握学生学习情况并及时反馈和点评。反馈和点评时要饱含激励，用真情去评价学生。重点是要对学生进行点拨，鼓励学生独立思考、善于质疑、勇于发表自己的见解。

1.8 学生有效学习问题

有效学习的内涵就是在一定时间内学得多、学得快、学得好，是学习数量、质量、效率三者的有机统一。在要解决的具体问题上，就是要激发学生想学、教会学生善学，有被认可的学得好的评价标准。

把培养学生有效学习能力作为课程教学目标，其本身就是对教师的一个挑战。课堂教学中如何提高学生学习效率？课堂教学又如何培养学生有效学习的能力？首先，有效的“教”是有效的“学”的必要前提，要聚焦课程教学目标，进行深度教学改革，改善教师有效地教，激发学生学习兴趣，使学生由被动学习变为主动学习。其次，通过有效的学习体验，引导和培养学生预习复习、整理笔记、思考归纳、应用知识等习惯，从而逐步让学生建立适合自己的学习方法。第三，培养学生思考能力和训练逻辑思维能力，引导学生围绕知识点不断构建和丰富自己的知识体系，帮学生建立学习自信，使学生持续保持学习热情。第四，把培养学生有效学习能力作为课程教学目标，通过改革教学评价，把对有效学习的能力的评价作为教学评价的一个方面。

1.9 学生学习体验问题

课程学习是从预习、听讲、讨论、知识应用、实践等环节中获得知识、能力和素养的过程。学习体验是指学生在课堂内外的课程学习过程中，通过亲身参与及实践所获得的经历和感受[11]。亲身体验到的东西会使得学生感到真实、现实，并在大脑记忆中留下深刻印象，会增强对知识的理解和应用。

学生知识、能力、素养的获得，不是依靠苦口婆心，唾沫横飞，不辞辛苦的教师“教”，而应是依靠教师有效的教学设计将知识、能力、素养等目标要求内化到教学过程中，通过学生的亲身体验内化到学生的思维和心理活动中。

教师在教学过程中应该从教学的各个环节去深入思考学习体验的重要性并为学生提供有效的学习体验。最重要的是，要充分认识到“保姆式”“满堂灌”“填鸭式”的教学观念或教学方式的弊端，把精力放到如何激发学生的学习兴趣、提高课程的吸引力、充分发挥学生的主观能动性上来；要充分认识到课程教学过程中学生的学习过程不仅是一个接受知识的过程，还包括能力提升和素质养成的过程，要把精力放到如何把学生的素质培养内化到课程教学过程中来；要充分认识到“体验”在学生的学习、探索与研究活动中的重要性，要把精力放到提高学生的体验感、新鲜感、参与感，打造将知识学习、思维能力、应用实践融合一体的学习体验课程上来。

1.10 教学评价问题

教学评价是依据教学目标对教学过程中教师教得怎么样和学生学得怎么样的综合评价。教学评价的核心是评价课程教学目标的达成度。教学评价的着力点在评价教师的教，落脚点在评价学生的学。如果对课程教学的教学目标思考得不多或目标意识不强，则对教学评价一定思考得更少。许多老师很习惯于通过测试及考试完成教学评价。

课程教学评价应该评价什么？怎么评价？只有这些问题回答并实践好，才能实现以学生为中心。毫无疑问，教学评价要对教师教学目标设定、教学设计、教学组织、教学实施等进行评价，更要对学生学习效果进行评价，对学生的评价应该采用过程性与终极性评价（考试与测验）相结合的方法，对知识能力和素养进行全面评价。形成性评价是在教学过程中，为保证教学目标得以达成而进行的对教师的教和学生的学的过程性评价，其目的在于指导教师改进、完善教学过程。

教学评价总体要由评价教师教得怎么样转向评价学生学得怎么样，而这一转变的动力又应该主要来自教师自身。

以上粗浅分析了课程教学中存在的现象及问题。针对如何解决这些问题，则有不少研究者从不同侧面进行了研究探索。本书作者及《石油炼制工程》国家级一流课程教学团队，带着能否一揽子解决这些教学问题的想法，从课程教学理念、模式及实践等方面进行了尝试性改革探索。整个改革思路的出发点是：明确课程教学目标，打造高质金课；围绕目标细化教学设计，打造学生中心课程；着力打造可进行思考思维能力培养的教学组织，打造思辨课程；注重过程性评价和终极性评价的教学效果评价，打造体验课程。

参考文献

[1] 眭依凡. 杰出人才培养: 大学必须守持学术理性[J]. 中国高教研究, 2012,(12): 1-13.

[2] 马培培. 关于"钱学森之问"的研究述评与反思——系统思考的视角[J]. 教育学术月刊, 2016,(10): 24-31.

[3] 韩永强, 柳叶, 李想. 基于"钱学森之问"谈工科大学如何培养创新型人才[J]. 中国电力教育, 2012,(4): 19-21.

[4] 彭秀丽, 徐疾. "钱学森之问"与中美教育模式之差异——从一堂化学课说起[J]. 化学教育, 2010,(8): 43-44.

[5] 王莹. 数字化时代高校课程教学的创新与改革[J]. 江苏教育, 2019,(9): 72-78.

[6] 葛文杰. 以"质量和创新"为核心深化课程教学改革与建设[J]. 中国大学教学, 2013,(7): 36-38.

[7] 杨晓慧. 高等教育"三全育人": 理论意蕴、现实难题与实践路径[J]. 中国高等教育, 2018,(18): 4-8.

[8] 李志义. "水课"与"金课"之我见[J]. 中国大学教学, 2018,(12): 24-29.

[9] 吴岩. 建设中国"金课"[J]. 中国大学教学, 2018,(12): 4-8.

[10] 余文森, 宋原, 丁革民. "课堂革命"与"金课"建设[J]. 中国大学教学, 2019,(9): 22-28.

[11] 崔彦群, 徐立清, 王海洲. 学生学习体验: 应用型本科高校课程教学质量评价的新视角[J]. 上海教育评估研究, 2016,(6): 7-12.

第2章 ▲▲▲▲▲▲

目标问题导向理念

2.1 理念

2.1.1 理念的内涵

什么是理念？怎样理解理念？

先简单了解概念、观念、理念的基本内涵，以及理念与概念、观念之间内在的基本逻辑关系。本章中关于概、观、理、念等字义以及概念、观念、理念、教学、模式、课程、课堂、课本等词义均为综合查阅《辞海》[1]、《现代汉语词典》[2]、《哲学大辞典（修订本）》[3]、《中国大百科全书·教育》[4]、《当代汉语新词词典》[5]、《教育大辞典》[6]等书籍之后的概括理解。

概念、观念、理念这三个词均有一“念”字。“念”字意为想法、念头、考虑、看法、认识、意念、常思、念念不忘等，但概念、观念、理念的“念”字内涵又各有区别。

概念的“概”字的原意为古代用量具“斛”量米粟时，使用木板在斗斛上刮平，使其处于一定范围以内，不至于过满。现代意为对事物做出限定、简明表述，或抽象出来，也就是概括。“概念”的字面意思可简单理解为概括性的看法、想法或认识，“概念”的内涵是抽象概括人们所认识到的一类客观存在事物的本质属性。对客观事物本质属性的认识是“概念”中的“念”字的内涵。从认知的角度，概念是事物的特有属性或区别性特征在人们思维中的反映，概念反映了一类事物的共同本质特征，有明确的内涵和外延。

观念的“观”字有凝视、审视、仔细察看、审慎考虑、对事物的看法、认识事物的方法等意思。通过对“观”的内容，进行思维加工，形成对事物或现象系统化、理论化的认识、看法，即观念中“念”字的内涵。观念主要指某种思想的反映或提炼，观念是对事物本质的符合客观实际的建构性认识。

理念的“理”字的本义在古代叫“治玉”，是“加工玉石”，也就是顺着纹路把玉从璞中剖分出来之意。现代引申为物质组织的条纹、纹路、事物的规律、道理、理应等意思。“理念”的字面意思是理应的看法；对事物理性的思考、应然性判断及其向往、追求是理念的“念”字的内涵。“理念”是主体基于对客体的科学反映，是经过长期的理性思考及实践所形成的对于某一事物或现象的理性认识、理想追求及其所形成的观念体系。

概念、观念、理念这三个语词虽然有着不同的涵义，但又存在着密切的相互关联。概念是对实然状态事物本质的抽象，观念是主体对客观实际的建构性认识，理念是对事物应然状态的理性认识和主观要求。概念是对事物共同本质特征的抽象概括，受制于规定性的限度，也就是要遵循尺度（标准）要求，尺度越能反映本质，概念也就越科学。观念对客观实际进行建构性认识，受制于认识主体的视角，也就是要遵循多角度看问题要求，角度越科学，观念越先进。理念是对事物应然状态的理性揭示，受制于主体对事物应然状态的前瞻性认识，也就是要遵循理性认识的高度要求。尺度关联概念，角度关联观念，高度关联理念。

概念内涵是稳定的。只有当某一概念所指称对象的实然状态普遍发生变化之后，概念的内涵才会发生相应的变化。

观念是难以变化的。观念比概念更抽象、更概括，观念一旦形成，就难以遗忘、难以扭转。随着社会和事物的发展，人们的视角理应转换，视点理应变化，继而产生新的观念。然而，无论是个体层面还是社会层面，新观念往往不易在现有观念状态上自动产生，而需要新的先进理念来挑战和推动。先进的理念总是对传统观念的扬弃和超越。

理念是主观能动的。理念源于对现实的思考，是主体对客观现实的理性反映。理念作为概念，内涵丰富且外延比较宽泛，能反映关于同一类事物或现象思维活动的共性要求。例如，教育理念反映并包含了诸如教育思想、教育观念、教育主张、教育认识、教育信念等概念的共性要求。理念是基于现实思考的真知灼见，是理念持有者对事物或现象的清醒认识，且有明确的价值取向与追求，因此理念具有主观能动性，能主动地、自觉地、有目的地、有计划地作用于外部世界或客观对象。

让我们来思考一下，“教书育人”作为概念、观念、理念，如何理解？

“教书育人”作为概念，是指教师在组织教学的全过程中，要关心爱护学生，既要管“教书”，更要管“育人”。在传授专业知识的同时，充分挖掘教材本身所包含的丰富的教育内容，向学生进行思想品德教育。要以自身的道德行为和魅力，言传身教，教育学生树立正确的价值观，引导学生塑造自身完美的人格[6,7]。

“教书育人”作为观念，基于对教书育人概念内涵的认识，认同教书与育人的必然因果关系。社会在发展，时代在发展，所教的“书”也在变化，所育的“人”的内涵要求也在变化，教书与育人的关系也在变化，特别是学生中心、终身学习、素质教育等要求，迫使教书育人作为观念也应随之有所调整。但教书育人观念自身难以做到这一点，需要新的理念来挑战、来推动。

“教书育人”作为理念，显然缺乏对教育实践现状的深入思考，其价值取向的强度和目标指向的准度均不足以扬弃或超越“教书育人”

作为观念所面临的问题，也难以改变教书与育人在人们头脑中根深蒂固的因果关系认识。“辛苦遭逢起一经，干戈寥落四周星”说的是古代读了“一经”，能“干戈寥落四周星”地辛苦担当大任，由于“一经”本身饱含“做人”的要求，所以教（读）了书，也就必然地育了人。现代社会，科技发展和社会分工精细化，“书”不仅多了，而且“书”也更“专”了。“教书育人”作为理念，很难指导怎么教书和指导选择教授哪些内容？很显然，现代社会教书育人需要新理念。如果我们思考为“育什么样的人”，而选择“怎么教书和教什么样的内容”，把“育人教书”作为教书育人的新理念，很明显，学生中心、终身学习、素质教育等要求，便会自觉地落实在教育实践中。

2.1.2 理念的特征

理念是主体基于对客体的科学反映，经过长期的理性思考及实践所形成的对于某一事物或现象的理性认识，是有明确价值取向与理想追求的观念体系。理念内涵赋予了理念鲜明的特征。

（1）理论性

理论性是理念最基本的特性。理念的理论性主要体现在：第一，理念源于现实，是经过长期的理性思考及实践所形成的对于某一事物或现象的理性认识；第二，理念基于对事物现实状态、时代特征的深刻认识以及事物发展趋势的科学判断，正确地反映了事物的本质；第三，理念反映了认识主体的价值判断和实践追求，理念来源于实践，对实践具有科学指导作用。

（2）客观性

理念的客观性主要指理念是客观存在和客观需要。理念在没有提出来之前，不管人们有没有意识到，它都是客观存在的，等待人们去认识和揭示。理念的产生或提出，均是基于对现实或实践中存在问题的思考，是为解决现存问题而提出的，是客观需要。

（3）前瞻性

理念不是现实，不指向事物“实然状态”，而是基于对事物“实然状态”的深刻认识，指向事物的“应然状态”，指明应该努力的方向和目标。理念能够自觉推动改革、超越自身、跨越现实，促进事物向着“应然状态”持续发展，在本质上是对现实、功利、本位的超越，这一本质来自理念指向事物“应然状态”的前瞻性。

（4）导向性

理念是建立在对事物发展客观规律把握的基础上的，反映事物的本质及时代特征，蕴涵着事物发展的思想，具有思想导向性，可指导人们自觉实践、持续实践、创新实践。理念是基于对事物理性认识的观念体系，具有明确的价值期望和目标指向，可引导、激励和鼓舞人们长期为之奋斗。

（5）实践性

理念是对实践的反思和清醒认识，它来源于实践，在实践中产生；它的价值在于指导实践，使事物在理念指导下的实践中向着“应然状态”发展。实践既是理念存在的前提，也是理念存在的目标指向。理念的实践性就是它既来源于实践又指导实践，理念与实践之间存在着一种普遍联系，理念规范和指导着实践，也在实践中丰富和发展着自己。

（6）针对性

理念的针对性也可理解为理念不具普适性。任何理念的产生，均有其独特的现实土壤、认识过程和思想渊源。理念不会凭空产生，它总是基于对某个客观实际的存在或问题，长期的自觉或不自觉的思考而呈现出来的一种认识。不能脱离具体情境或具体范围来谈理念。理念的针对性就是理念有一定的适用范围，是对某一事物甚至是某一事物的某一阶段或某一方面的反映。

（7）能动性

能动性指对外界或内部的刺激或影响做出积极的、有选择的反应或回答。理念就是客观事物在人脑中的主观反映，是反映事物内部联系、发展规律的理性认识。理念具有明确的价值取向，理念有这样一种本领，就是作为一种无形的力量，在不停地告诉理念持有者，应当做什么，以及怎样去做，这种力量就是理念的能动性。理念的能动性只有在认识和尊重事物发展规律基础上，才能得到正确的发挥，才能科学指导人们有目的、有计划地开展实践活动，才能发挥人们的主观创造。

（8）发展性

作为深刻揭示事物“实然状态”以及事物向着“应然状态”发展本质的理念，虽然具有一定的稳定状态，但其实质就是关于发展的理念。而且，理念存在的条件，与社会的发展和变化有关，因此，理念同世界上任何事物和现象一样，也必然受社会发展和变化的影响。

2.1.3 理念的力量

理念何以有力量？理念的力量可以从三个方面来理解，即可行、定向、聚力。

理念是可行的。理念的可行性，也可以称为理念的价值或目标可实现性，取决于三个方面：其一，理念直面现实问题，反映现实需要。新理念均是基于对现实或实践中存在问题的思考，为解决现存问题而提出的，是现实需要。理念有实践 - 认识 - 再实践 - 再认识的循环过程，不但有深厚的实践基础，还有深刻的理性思考，是一种理性认识。其二，理念直面发展问题，反映事物本质。理念基于对事物的“实然状态”，指向事物发展的“应然状态”，直面事物的发展问题，对事物发展趋势作出科学判断，正确地反映了事物的本质。其三，理念直面实践问题，反映实践目标。理念来源于实践，反映了认识主体的价值判断和实践追求。理念直面实践的目标问题，对实践具有科学指导作用。

理念是定向的。理念的定向性取决于三个方面。其一，理念前瞻事物“应然状态”。基于对事物“实然状态”或现实问题的深刻认识，前瞻事物的“应然状态”。理念反映了社会、时代对事物发展变革的需要。理念能够自觉推动改革、超越自身、跨越现实，在本质上是对现实、功利、本位的超越，促进事物向着“应然状态”持续发展。其二，理念明确指向事物发展目标。理念直面现实问题，指明应该努力的方向和目标。理念反映了事物的本质及时代特征，蕴涵着事物发展的思想，具有思想导向性，可有效指导实践并推动事物向着“应然状态”、向着理想的目标发展。其三，理念具有明确价值取向。上述第二点中所说的理念目标，也是价值取向下的目标。价值取向的突出作用是决定、支配理念主体的价值选择。符合发展规律且稳定的价值取向将使理念主体寻找到实现价值目标的最佳途径，使理念的指导作用牢牢结合实践方向，并不断逼近价值目标的实现。

理念是聚力的。理念可以产生难以想象的强大力量，或者说拥有先进理念的人会拥有无穷无尽的力量。理念所产生的力量是多方面聚合起来的。理念所聚之力来源于四个方面。其一，理论指导实践，理论指导力。理念具有理论特性。理念是主体基于对客体的科学反映，是经过长期的理性思考及实践所形成的对某一事物或现象的理性认识，是来源于实践的理性思辨，理念一旦再回到实践与实践结合起来，便会产生巨大的指导力量。鉴于理念的认识和形成过程，理念与实践的结合是自然的也是必然的。其二，目标导向实践，目标导向力。无论是理念主体通过学习思考、实践探索、总结提炼形成的内生理念还是来自外界但内化了的理念，均有明确的目标，而且目标感强烈，对于目标达成，有强烈的责任感。理念主体非常清楚自己到底要做什么。在这个目标导向下，也知道自己该怎么做。为了 100% 达到这个目标，在实践中，理念主体会全力以赴，非常专注、笃定，不受外界干扰。这种专注力是目标导向力的主要构成部分。其三，价值引领实践，价值引领力。理念包含明确的价值取向，这种价值取向也反映了事物的本质特征和时代特征。理念主体一旦明确了价值取向，将直接激发其热情、唤醒其积极态度，对其行为或可说实践产生定向引领作用。其四，能动深化实践，激发内生力。理念主体对客观事物的认识越深刻、越正确，就越能有效地发挥主观能动作用。理念就是客观事物在人脑中的主观反映，是反映事物内部联系、发展规律的理性认识。理念是认识和情感的结合，是目标与价值的融合，是一种心理动能，往往能激发出超人的精力、体力、智力、其他潜力和自强能力，也往往让人充满积极开拓进取和拼搏精神。

理念的目标是有方向性的，目标实现的可能程度与理念主体对事物本质认识和掌握相关，理念目标可以说是个人价值“矢量”；价值取向也是有方向性的，价值取向要反映和符合社会发展的客观规律，是社会价值“矢量”，所以说理念是个人价值“矢量”与社会价值“矢量”的合成“矢量”。理念主体目标的内涵与价值取向所指向的价值目标内涵高度关联，因此，个人价值“矢量”与社会价值“矢量”基本同向，且都以事物“实然状态”的现实问题为起点，所以理念“合力”最大，让理念充满效能，成为力量的源泉。

2.2　课程教学

2.2.1　课程

什么是课程？从字面理解，“课”是指规划或计划的教育或教学科目的内容；“程”有进程、程度、程序的意思，所以“课程”就是指教学内容及其进程。我国较早提到“课程”一词且与今天所讲的课程的意义极为相近的是宋朝朱熹在《朱子全书·论学》写到“宽着期限，紧着课程”“小立课程，大作功夫”等，朱熹这里所说的“课程”主要指功课及其进程。

在西方“课程”一词是从拉丁语“Currere”一词延伸出来的，它的名词形式意为“跑道”，而它的动词形式则意指“奔跑”。这样看来，课程的内涵既有“学什么”的内容价值，也有“怎样学”的方式要求。我国教育家朱熹提出的“宽着期限，紧着课程”“小立课程，大作功夫”均包含了教什么和怎么教的要求。

从今天的课程内涵来看，课程必须具有课程目标、内容规划、课程实施、课程评价等四个方面的要素。从课程建设角度看，课程的内涵应包括教学理念、教学目标、教学内容、教师队伍、教学方法、教材建设、教学评价和教学管理等。

要理解什么是课程，还得简单了解一下什么是课堂和什么是课本。

课堂是课程实施的一种组织形式，是传授课程内容的主要场所，是学校围绕课程内容（教材内容）所开展的教学活动的主阵地，因此，一般意义上的课程教学基本等同于课堂教学。教室是组织课堂教学的具体地点，随着现代科技特别是信息、网络技术的发展，教室也可以是在线教育平台上的虚拟教室。

课本是课程实施的一个辅助教育工具，是为保障课程的顺利实施而精心编写或精心选择的纸质或数字形式的教材。

全面理解课程、课堂、课本三者的关系，有助于理解目前教学中存在的问题，也有助于指导教学改革。

一是课程高于课堂、高于课本。课本应尊重课程内容，课堂应按课程的规划和计划实施。课本的内容、课堂的实施均应围绕课程的目标要求进行，而且要通过课程评价确保课程目标、内容和实施三者协调一致。

二是课本服从和服务于课程。课本包含了特定主题或学科的知识体系，但它毕竟是固化了的知识和信息体系，课本内容通常是课程内容的一部分，不等同于整个课程的要求。课程教学不能等同于课本教学，讲教材不能等同于讲课程。

三是课堂教学难以满足课程要求。课堂是实施教师的教和学生的学的共同活动场所。但是鉴于教师与学生这对独特的关系，教学实践中极易出现教师主动教、学生被动学的现象，与朱熹讲的“小立课程，大作功夫”，对课程应提供丰富的学习体验的要求也不相符。课堂教学难以满足课程目标要求。

2.2.2 课程目标

（1）课程目标是课程的内在本质要求

课程应该有怎样的目标，不能仅考虑课程因素，而应该由课程内外、宏观微观两个层面的因素来决定。课程外部，也就是宏观方面的因素，包括两个方面：一是国家、学校及相关专业的人才培养目标要求，二是学科专业结构体系的要求。课程内部，也就是微观层面的因素，主要涉及知识体系、知识传授、能力及素质培养。上述两个层面的因素，也从内在本质上提出了课程应该**为培养什么样的人**而讲什么内容和怎么讲的问题。

（2）课程教学目标的内涵

课程目标有层次之分。从外延来看，课程教学目标包括宏观层面的国家高等教育目标、中观层面的大学办学目标及微观层面的专业人才培养目标。

课程目标究竟应该有怎么样的内涵？从广义上讲，课程目标的内涵应该包括知识、能力和素质三个方面的要求。一是知识目标，是通过课程学习，学生应该掌握的学科知识体系中的概念、原理、方法和结论等。二是能力目标，学生在课程结束后，应该具有分析问题和解决问题的能力、语言能力、协作能力、独立思考和创新能力等。三是素质目标，通过课程学习，应培养和提升学生的团队协作意识、创新意识和创新精神以及价值认同、家国情怀和爱岗敬业等精神。

课程目标应该包括对教师的要求。上述广义上的课程目标都是聚焦于学生的，对教师的要求则不明显。课程教学目标不能是单一传授知识和技能，而应该将国家、学校、专业三个层次人才培养目标内化到课程目标中。国家和学校人才培养要求是宏观层面的要求，而一般情况下各相关专业均对学生有较为详细的知识、能力、素质方面的目标要求。课程目标应该在三个层次的“三大目标”的要求上更加细化，内涵上更加丰富，而且应该包括对教师自身的要求。

课程目标更应聚焦能力和素质要求。围绕培养什么人的问题，课程目标应该包括课程内容、教学组织、教学方法、教学评价等方面的要求，而且更应聚焦能力和素质要求，特别是要发挥教师在培养学生能力和提升学生素质中的主导作用。本书作者提出课程目标具体内涵应包括：激发兴趣、引发思考、训练思维、启迪智慧、有效教学；学生中心、人文关怀、有效学习、理想意志、家国情怀；沟通表达、团队协作、实践创新、担当作为（以下简称56字课程教学目标）。在这些目标内涵中，激发兴趣、引发思考、训练思维、启迪智慧、有效教学是底色、外因、基本要求；学生中心、人文关怀、有效学习、理想意志、家国情怀是外因内化后的成色、内因；沟通表达、团队协作、实践创新、担当作为则是外因诱导的内因显现，是显色。课程目标中底色是关键、是核心，没有很好的底色，不可能有很好的成色，更难有令人满意的显色。

（3）课程目标内涵的教学实践要求

课程目标内涵在教学实践方面有以下四个方面要求：**一是培养什么样人才的要求**。包括：善于思考、善于分析问题、思维能力强；敢于质疑、尊重不同观点、善于合理论证、沟通和表达能力强；具备很强的社会责任感和道德意识；善于运用知识解决问题、善于发现和提出新问题，创新意识和创新能力强；奉献精神好，善于与他人合作；能与时俱进，善于自主学习、终身学习能力强。**二是要明确课程内容体系要求**。包括：学科领域的基础和前沿知识；思考思维、沟通交流、团队合作、自主学习、应用实践以及创新等能力；伦理道德、价值观、社会责任感等素质。**三是教学方法要求**。包括：通过通俗易懂化、实践应用化、案例示范化等有效教学形式，吸引和激发学生学习兴趣，同时注重加强学科基本原理的深度学习；通过问题导向式教学和打造思辨课堂，引发学生思考和培养学生思考能力；采用讨论式教学和组织辩论活动，训练批判性思维，培养辩证分析能力和表达能力；采用互动式、探究式教学，鼓励学生参与讨论，培养团队合作能力；合理开展实践教学，让学生亲身经历并应用所学知识，培养学生实践能力；创设教学情境和强化学习体验，激发好奇心、培养创新思维和创新能力。**四是课程教学评价要求**。包括：教师若认可和坚持“56字课程教学目标”要求，必然要求其有一个相适应的先进的教学理念；教学目标十分明确，教师必然采用新颖有效的教学方式和方法，激起同学们的兴趣，愉悦课堂学习氛围，从而收到良好的课堂效果；“56字课程教学目标”内涵要求丰富多样，仅通过考试难以实现全面评价，应加强过程性评价；课程评价要聚焦学生的发展，既要重视学生的现在，还要考虑学生的过去和着眼学生的未来，保护学生个性，促进学生个体发展。

（4）课程教学目标的作用

课程教学目标具有非常重要的作用。**第一，明确教学方向**。教学目标为课程教学活动特别是教学改革提供了明确的指引，确保教学过程更加聚焦目标要求，使教学活动更有效。**第二，明晰教学任务**。教学任务不再是简单的知识传授，更突出能力和素质的培养，而提高能力和素质，又离不开知识的深度学习和创新应用。**第三，细化评价要求**。明确教学目标，使教学评价有了更细更具体的要求。简单的考试或测验难以满足评价要求。**第四，提高教师要求**。明确“56字课程教学目标”要求，如何实现教学目标，则首先对教师提出了高要求甚至是严要求，教师应该有一个适应目标达成的教学理念。如果没有引导目标达成的合适的理念，教师至少应该进行必要的教学改革，根据教学目标进行有效的教学设计和教学组织，根据目标选择最适合的教学方法，以便更好地达到预期的教学效果。**第五，激发学习动机**。清晰的教学目标对教师提高了要求，也为学生提供了明确的期望。同时，一位负责任、能担当的教师，必然通过教学设计，创造一个积极而富有吸引力的学习环境和提供一系列富有意义和乐趣的学习体验，从而激发学生的学习动机。激发学生的学习动机是能否实现教学目标的关键。**第六，提升教学质量**。有了明确教学目标的教师一定会更认真、更投入、更有激情，教师的教学设计一定会更专业、更有水平、更能激发学生的兴趣，教师的教学过程及有效教学一定会逐步得到优化。学生参与度必然会大大提高，学生的自主学习和有效学习能力也必然会得到训练和提高。因此，有了明确的教学目标，必然有助于提升教学质量。

2.2.3 课程教学存在的主要问题及原因分析

2.2.3.1 课程教学存在的主要问题

课程教学是高校实现办学目标、人才培养目标的核心环节，也是影响乃至决定教育教学和人才培养质量的关键要素。综合分析教与学两方面，课程教学存在“十多十少”现象。

（1）教师中心多，学生中心少

“以教师为中心”与“以学生为中心”的最本质区别是教学活动目的是什么。很显然，课程教学活动的最根本目的是学生的发展。目前，在高等教育的课程教学中，传统教学形式还占优势，能做到以学生为中心的教学还是比较少。

“以教师为中心”的课程教学，普遍是老师单向灌输，不管是老师照本宣科地念，抑或滔滔不绝地讲，再或板起面孔地教，这种老师唱“独角戏”式的教学方式下，学生始终处于被动状态，老师也很少考虑学生的心理感受，学生被老师牵着鼻子走而很难进行主动学习、自主探索或在合作研究中独立获取知识。很显然，这种“以教师为中心”的课程教学难以适应现代社会对高素质应用型和创新型人才培养的要求。

“以学生为中心”的课程教学，首先，要明确课程教学中人才培养目标，此时，学习目标重点不仅是知识的获得，而更应是能力培养，包括思考思维能力、解决问题能力、协作能力和创新能力。其次，要从学生全面发展的角度，精心进行教学设计，教师的教学活动要聚焦教学目标。再次，教学过程中要调动学生主动性，激发兴趣，让学生深度参与教学过程，教师与学生一起主动向着教学目标走，而不是“以教师为中心”的教学中老师单向灌输、学生跟着被动走。

要真正做好“以学生为中心”的教学，绝非易事。教师不妨先从思想认识上深刻思考一下：照本宣科，人云亦云，让学生昏昏欲睡、懵懵懂懂的“催眠式”课堂究竟有什么用？滔滔不绝，唾沫横飞，让学生不堪重负、筋疲力尽的“灌输式”教学又有什么用？板着面孔，不苟言笑，让学生沉默懒言、心不在焉的“压迫式”教学又有什么用？

“以学生为中心”的教学，就是要打造“以学生为中心”的课堂。打造“以学生为中心”课堂的出发点，是清晰的课程教学目标。“以学生为中心”的课堂应该具有以下几个要素：围绕课程目标，精心教学设计；激发兴趣，学生深度参与；引发思考，提高认知能力；培养思维，构建认知结构；整合资源，创设教学情境；注重能力培养，促进有效学习。

（2）教师讲解多，学生参与少

教师在课堂上不但讲得多而且讲得不够精彩，浅显且学生能看懂的内容讲得慢条斯理，深奥一点的重难点内容又讲得不够生动，教学过程缺少设计和有效组织，是“学生参与少”的一个重要原因，“学生参与少”不是一堂课的现象，而是一门课、多门课现象，也是我国高等教育教学中一个较为普遍的现象。

学生在课程教学中参与少，还有一个根本原因，就是教师还不知道怎么关爱学生。多数教师会认为，努力讲好课就可以了，殊不知，没有融洽的师生关系，没有一个和谐的课堂氛围，课是很难讲好的，充其量，也就是讲完课而已。教师要用心、用情、用力关爱学生成长，要及时欣赏学生的进步和成长，唯有如此，教师才能设计出好课程，才能吸引和激发学生主动参与课程。著名物理学家阿尔伯特·爱因斯坦名言：“只有爱才是最好的教师，它远远超过责任感”是最好的说明，著名心理学家杰丝·雷尔也曾说过：“赏识对温暖人类的灵魂而言，就像阳光一样，没有它，我们就没法成长开花。”

（3）满堂灌输多，启发思考少

思考是知识加工的过程，是知识建构的过程，也是应用和创新的过程。思考能力的培养和思维方式的训练，对高素质人才培养尤为重要。在满堂灌输式教学中，教师把全部时间用来给学生讲解课本上的知识，没有给学生多少时间思考，也未精心设计比较好的思考氛围和引发思考的情境，学生处于被动接受状态，没有重视把培养思考能力作为教书的目标。

我国教育家叶圣陶曾说：“我以为好的先生不是教书，不是教学生，乃是教学生学”。叶圣陶先生所讲的“教学生学”，应该理解为教学生会学，会独立思考自然应该是“会学”的重要内涵。如果在教学过程中，教师一味地向学生灌输知识而不引导学生思考，学生会“消化不良”而厌倦这样的课堂，在心理上也会疏远这样的老师。

爱因斯坦曾这样强调思考的重要性：“学习知识要善于思考，思考，再思考。我就是靠这个方法成为科学家的”。我国科学家华罗庚也曾这样强调：“独立思考能力是科学研究和创造发明的一项必备才能。在历史上任何一个较重要的科学上的创造和发明，都是和创造发明者的独立地深入地看问题的方法分不开的”。思考能力如此重要，要如何培养呢？结合课程教学目标，通过设计目标教学问题，让学生置于问题学习环境之中，建设思辨课程和打造思辨课堂，这方面也正是本书要介绍的重点内容。

（4）依照课本多，拓展学习少

目前的课堂教学，仍以教师的传授为主，而且教师基本按照教科书章节顺序、教材内容进行讲解，不会偏离教材的范围。这种依照课本结构和内容进行课程教学，有其可取之处，就是可保障学科知识体系的完整性。但是，如果过分地依照课本而讲课本，则会带来好多弊端：一方面，社会、科技甚至文化不断发展，从文字成为课本的那刻起，课本内容就已经落后和不完整了；另一方面，这种依照课本教学方式容易让学生感到人云亦云、枯燥乏味，容易让学生对学习产生厌倦情绪。再一方面，这种教学方式过于注重知识的讲解，将学生注意力囿于课本之内，不利于培养学生思维能力和创造力。

拓展性教学就是指不拘泥于课本，向课外拓展，向社会拓展，向学科交叉拓展，向科技前沿拓展，其实质就是运用课堂教学的基础知识去解决或认识生活化的、社会化的、交叉领域或科技前沿中开放的实际问题。开展拓展性教学应注意三个问题：一是处理好拓展内容与课本内容的关系，应该是在保持课本原有学科知识完整性基础上的拓展，不能天马行空、毫无边界地拓展；二是思考思维能力、创造创新能力和终身学习能力等能力和素质方面的拓展；三是拓展的内容和形式要有针对性地设计，确保新颖和有效。

(5)传授知识多，强化能力少

传授知识和培养能力均是教学过程的重要目的。传授知识是传统教学的一种形式，易于在实践中落实，而培养能力不易在实践中落实，因此，导致现实教学中存在偏向知识传授而不够重视能力培养的问题。

传授知识和培养能力二者，本来既无孰先孰后之分，也无谁先谁后之别，它们对立统一，相辅相成，作用于某一具体受教育客体上。比如，学习知识与思考能力二者，在学知识的同时，思考能力也一定得到了训练，训练好思维反过来又会促进知识的学习；而且，伴随知识的深入学习，建构内化，加工转化，应用知识解决问题能力甚至是创新能力也一定得到培养。但是，在教学实践中，施教主体如果不能把“如何传授知识”与“如何培养能力”有机统一起来，则可能会出现知识传授和能力培养不协调、不同步的情形。

在教学实践中，要做到传授知识和培养能力的优化组合，要深入思考以下三个问题。一是高等教育要培养学生哪些能力。在“56字课程教学目标”中已经阐述，至少包括：知识获取能力、有效学习能力、思考思维能力、发现问题和解决问题能力、团结协作和交流沟通能力、实践和创新能力、家国情怀和担当作为能力。二是要聚焦能力培养要求，针对性强化知识传授和知识的深度学习。三是深入开展教学改革，探索能促进传授知识和培养能力的两者结合的有效方法和有效模式。

(6)注重理论多，结合实践少

高等学校的课程大多理论体系完整、知识内容丰富、基本概念复杂、公式图表繁多、工程或社会应用背景针对性强，学生在学习过程中很容易感觉枯燥无味，难以主动参与到教学过程中。

注重学科基础中重要的理论学习，这本身无可厚非，关键是如何注重理论知识的学习。目前，普遍的学习模式是老师讲教材内容、学生听的形式，多为纸上谈兵，理论与实践结合不够。

做好理论学习与实践应用的有机结合，要深入思考三个问题：一是理论学习要结合实践，这是由理论与实践的辩证关系决定的，理论与实践互为基础、互为前提，相辅相成，把两者孤立开来而强调某一方面，是难以取得最佳的学习效果的；二是理论与实践相结合的优点，理论与实践相结合是符合认知规律的，不仅会提高认知效果，而且具有激发学习兴趣、培养尊重客观实际的科学思维能力、解决实际问题的实践能力、培养发现和提出问题的创新精神等优点；三是理论与实践相结合的有效方法和模式。要做到理论与实践有效结合，关键在于要突破实际存在的生产实践环节难以“真看真动手”的局限性，同时要突出在理论与实践结合中，实现学科理论知识的建构和内化。目前，案例分析、实践观察、项目实践及实验研究等在促进理论与实践结合方面发挥了一定作用。要继续加强工业仿真和孪生系统建设，通过教学设计，强化面向生产实际的理论知识建构等项目或问题学习。比如，在仿真或实践孪生系统中，设计某单元或全系统理论思维导图。这方面内容，在本书的目标问题设计中，会详细介绍。

（7）显性内容多，隐性内容少

显性内容是表达显性知识的内容，包括课本、学习资料中的语言文字、公式符号、图片表格、音频视频等。隐性内容是隐藏在语言文字之间、公式符号之外、图片表格背后的内容，属于隐性知识范畴。隐性知识是建立在个人经验基础之上并涉及各种无形因素如个人信念、观点和价值观的知识，是高度个人化的，难以实现公式化和明晰化[8]。

目前，教学过程中，教师比较普遍地讲解显性内容，教学生学习显性内容。显性内容的学习是一种浅层学习、浅层加工，学习者只关注文字本身、关注字面意思，处于知道、领会、应用三个层面，属于低阶思维的学习，这样的教学难以支撑高素质、创新型人才培养。能很好支撑高素质和创新型人才培养的学习应该是深度学习，是深层加工，要学习语言文字之间、公式符号之外、图片表格背后所隐藏的意义，处于分析、综合和评价三个层面，属于高阶思维[9]，这就要求教师不但要讲显性内容，还要挖掘隐性内容。

教学过程中，如何做到显性内容和隐性内容相结合？教师要深入思考这样三个问题：一是明确把培养分析、综合和评价等高阶思维能力作为课程教学的目标，厘清高阶思维能力如何培养？以讲授显性内容为主的教学能否培养高阶思维？二是显性内容与隐性内容的关系。显性内容往往承载基础性知识，隐性内容折射的是根本性知识、是能力和素质。学好显性内容是挖掘和学习隐性内容的基础，而隐性内容的学习又会反作用于显性内容的学习，提升显性内容的学习效果。三是加强针对隐性内容学习的教学设计。需要在显性内容上先学一步、深学一步的教师，设计针对隐性内容学习的项目或问题，然后组织学生进行项目学习或问题学习。

（8）注重共性多，体现个性少

这里提出讨论的是课程教学中的共性与个性问题。什么是课程教学的共性与个性？无论是班级制还是选课制，学生均在集体组织形式中学习，教师根据教学目标的要求，面向听课的几十名或更多的学生讲课，彼此学习内容相同，进度相同，这是课程教学的共性，体现人才培养对课程教学的共性和普遍要求。课程教学中也有个性问题，由于学生知识基础、兴趣爱好、理想追求、职业发展等诸多因素存在差异，学生个体对课程要求也有差异，有些同学希望能深度学习，系统掌握学科知识；有些同学可能希望通过浅层学习仅掌握这门课程的基本内容。同时，如果是选课制，不同专业对课程要求肯定也存在差异，这就是课程教学中的个性问题。目前，高等教育课程教学中普遍存在注重共性多，体现个性少的现象。

课程教学中，如何能兼顾共性和个性需求，给学生在课程微观上充分的选择权和自主权，促进学生个性化发展呢？作者提出目标问题导向式课程教学模式，设计基本问题、重点问题、难点问题、实践问题和拓展问题等五类目标问题，用目标问题组织教学，通过问题的讲解或选择学习，可以兼顾深度学习和浅层学习以及不同专业、不同爱好的同学，让学生在问题学习中得以发展个性（在第3章教学模式中将详细介绍）。

（9）考试模式多，综合评价少

这里讲“考试模式和综合评价少”是指学生获得课程成绩主要是通过考试，更多是闭卷考试形式，平时考核评价占比低，且主要依据到课率、课堂回答问题以及日常作业等容易操作的指标进行评价。目前，课程考核模式存在考核方式相对单一、过分注重课终考核、过程考核流于形式、过分侧重知识考核、能力考核简单弱化等问题。这种考核评价方式不能让考核发挥应有的“激发教师创新教育理念、推动教师创新教学设计、指引高质‘金课’建设，吸引学生深度参与、激发学生学习兴趣，促进学生个性发展”等应有的考核评价功能。这种较传统的课程考核成绩评定模式，很难引起学生对学习过程的重视。

这种偏重知识的考核方式如果不扬弃甚至摒弃，将会使“金课”建设所蕴含的“创新性、高阶性、挑战度”改革理念和实践努力付诸东流。如果在课程考核上难以体现“创新性、高阶性、挑战度”，仍沿用原有的考试命题方式，将会出现“课程学习难度大、课程考核评价难度低”的非对称现象[10]。

课程考核工作究竟该怎么改革？理念创新和教学模式改革要先行。如果秉持对课程教学的旧有观念、采用传统教学模式，课程教学无论怎么改，都难以取得令人十分满意的效果。在创新理念和改革教学模式的基础上，改革考核内容和方式，必须兼顾能力素质与知识考核，至少是试卷考核与过程考核并重，让教学理念、教学模式、考核评价这三方面因素相互作用和促进，逐步完善课程教学。

（10）教学内容多，教学设计少

随着社会和科技发展对人才综合素养和能力要求的日益提高，高等学校的课程，特别是专业课程和专业基础课程，需要讲授的内容也在不断增加，而随着教育改革的深入，教学计划总课时又在缩减，因此，课程教学内容多、课时少的矛盾的确比较明显。

如何处理“内容多、课时少”的矛盾？需要深入思考这样三个问题：**一是要认识清楚教学内容与教学任务的关系**。教学内容往往是按教学计划或学分要求，应该讲授的课本或教学资料中的内容，这样的教学内容也是大多数人通常认为的教学任务。其实，教学内容应该不等同于教学任务。教学任务是指向教师的，教师按规定要完成的“教学任务”，而“真正的教学任务”应该是指向学生的，是学生学会了什么，而不是教师讲了什么。“真正的教学任务”对教师讲什么内容和怎样讲这些内容又提出了内在要求，即学生学会什么。**二是如何处理教学内容**。教师要根据课程教学目标要求，深刻理解课程在学科体系中的位置及其与先导课程及后续课程的关系，明确教学内容中“已知已会”“应知应会”以及应该“深度知会”的内容，对教学内容进行重构。**三是如何进行教学设计**。要进行有效的教学设计，一定要明确课程教学目标。只有教师明确课程要教会学生“学会什么”，教学设计才能有的放矢，才能选择合适的教学资料并进行教学内容重构，清楚重点要

讲什么内容，而不去照本宣科，也才能采用适用有效的教学方法，激发学生兴趣，引导学生主动参与，而不会仅是满堂灌输。教师需要在先进理念引导下，经过长期坚持和持续改进来提高教学设计能力。

2.2.3.2　课程教学存在问题的原因分析

导致高等学校课程教学存在教学质量问题的原因是多方面的，既有学校层面的、社会层面的，也有教师和学生层面的。这里仅从高等教育内部直接关联的因素进行简单分析。

（1）理念先导意识不强

教学理念很重要，它是教师能够长期持久聚焦于课程教学目标、提高教学质量的内在力量。没有先进教育理念的教师，充其量是一位努力的“教书匠”，在从事重复性的工作，工作缺乏理想目标，缺乏激情，难有创新。

目前，国际上不乏先进的教学理念，国内也不乏学习、研究和实践先进教育理念的教育者。但普遍情况是，教师对先进理念停留在印象层面、停留在理论层面的多，提出先进理念或将外来先进理念内化，指导自己教学实践的少。多数教师受我国传统教育观念影响根深蒂固，教学理念先导意识不强，难以主动吸收先进教育理念，指导自己的教学实践。

（2）课程目标相对简单

课程究竟应该教给学生什么？传统观念认为课程教学就是以认知为目标，传授知识，培养认知能力。课程目标除了知识层面目标之外，更重要的是能力层面和素质层面的目标要求。对课程目标认识不清楚和落实不到位，是课程教学中存在的一个普遍现象。可以想象，如果没有明确的目标，教材内容处理、教学资源选择、教学方法优化、课程教学组织以及教学效果评价，可能随心所欲，也都是无目标之举。

（3）教学模式偏重传统

传统教学模式最本质特征就是以教师为中心，缺失对以学生为中心的教学目标的思考，也缺少对学生能力和素质提升的教学设计。教与学的关系就是：教师满堂地讲，学生被动听；教师照本宣科地写，学生被动抄；教师填鸭式地给，学生被动收。除此之外，传统教学拘泥于教材和资料，依照教材和资料，忠实地执行教材，教材上怎么写，教师就怎么讲，缺乏依据目标要求对教材和资料的科学处理。还有，学生主动参与少，课堂气氛不轻松、不融洽，教学过程考虑学生个性发展少等，依然是目前课堂教学较为普遍的特征。

（4）教学水平有待提升

教师的教学水平和能力体现在以下三个方面：一是要求有丰富的学科知识水平和较高的科学文化素养，这样才能适应学生多样化的成长成才需求，才能站在学生学习引导者的角度，融洽教与学的关系。二是能进行有效的教学设计。能处理好教学内容，确保课程内容紧扣知识、能力和素养的课程教学目标要求，做到课程重点突出。三是组织好课堂教学。教师授课要有一定基本功，能够吸引学生；会用多种教学形式和方法，激发学生学习兴趣；要会调控课堂气氛，引导学生主动参与互动。目前，高校课程教学中的确存在部分教师的知识结构、教学基本功、教学设计和教学组织等能力跟不上现代人才培养能力和素质要求的现象。

（5）教师精力投入不足

部分教师教学精力投入不足的原因是多方面的，这里仅从教师自身分析教师教学投入不足的表现。部分教师在教学上投入精力不足，表现是多层面的。少数教师仅仅把教书当成谋生的手段，没有在教学上倾注情感和爱心，对职业规律和教学本质等很少投入精力思考研究。少数教师仅仅要求自己认真完成教学任务，不能从教育是培养人的高度，加强修炼和提升自身的人格力量和人格魅力。还有的教师，不投入精力和时间，努力提升自己的专业水平，科研搞不好，教材以外的书基本上不看，也从来不写教育教学研究方面的文章。也有些工科教师，对产业毫无了解或说到了企业会一脸茫然，也不愿意投入精力提升自己的工程水平和实践能力。

（6）成绩考核方式单一

课程的成绩考核方式基本还是采取应试模式。以通过期末一次考试的分数为主，来评定课程教学成绩。这种简单方式容易实现，也能反映学生对知识学习的情况。这种考核方式的最大弊端就是对教与学的导向作用不科学。应试模式不仅难以体现对能力和素质的考核，且易将教学目的导向于知识学习，以至于教师围绕课本讲知识，学生应付考试背知识。理想的考核内容应该主要聚焦于学生对知识的理解、分析和应用等能力上，强调应用知识来分析问题和解决问题的能力上。理想的考核环节也不能仅是期末一次考核，这样既不利于有效的反馈，也不利于科学考核评定，而应该加重过程考核的比重。教师可以灵活采用移动应用程序（比如说，雨课堂）检测课前布置的预习内容的学习情况，通过课堂讨论、思维训练（思维导图）作业、拓展学习、小组作业等形式，丰富平时考核的内容，把知识融进应用、实践和创新情境中去考核。

（7）教师评价尚需完善

高校教师评价的根本目的是能够有效地引导教师的教育活动，更好地完成立德树人根本任务，保障教育高质量发展。目前，各高校管理过程中，教师评价体系得到了广泛研究与实践，对高等教育的发展也起了很好的引导和激励作用，但大多数高校特别是普通高等学校、新建本科高校的教师评价还存在一些需要完善的地方[11,12]。主要表现在：一是教师评价在导向教学中心的地位上不突出。在重科研、轻教学现象较为普遍的情况下，教师的主要精力都放在科学研究上，忙于科研活动、申报课题、撰写论文，在课程建设、课堂教学、人才培养、关爱学生等方面的精力投入不足，难以保障教学中心地位。二是教学评价在导向评价质量的贡献上不突出。教师评价指标体系中“重数量、轻质量”问题较为普遍存在，更没有突出把教师在人才培养、科学研究、社会服务、文化传承等方面的“贡献”作为质量的重要内涵。三是教师评价在导向教师职业成长的要求上不突出。高等学校教师肩负着立德树人、培养应用型和创新型人才的重任，完成这一使命任务关键不仅在于要有一支高素质的教师队伍，还要求教师能够用心、用情、用力地担起重任。教学评价应导向教师的职业成长，应给教师创造一个积极进取的比较宽松的环境，增强教师对学校的归属感和对教育事业的热爱，保障教师“用心”工作，促进教师养成较高的职业道德、职业操守，保障教师“用情”工作，激发教师的积极性和创造性，不断研究教育规律和学习追求，发现应用新知识和新方法的动力和能力，保障教师“用力”工作。

（8）条件资源还需加强

影响高等学校课程教学的条件资源包括课堂教学组织（大班上课）、教师、实验及实践条件。大班上课方面：普通高校、新办本科院校还存在较大比例大班上课现象，一般情况下是两个班甚至更多班合班上课，学生数较多。大班上课，教师教学组织有难度，师生交流机会少，教师在过程评价上也难精准。教师方面：教师少，生师比高，教师忙于上课，较少有时间加强课程建设和培训提高，除此以外，在工科院校，部分教师特别是青年教师没有从事实际工程的经验，缺乏指导学生工程实践的经验。实验及实践方面：教学实验室存在面积小、生均空间不够的问题；实验台套数不够，限制动手机会；生产企业一般只能参观，校内生产型实践实训平台建设还偏少，实践实训条件建设仍不充分。

2.2.4　目前主要课程教学理念

2.2.4.1　课程教学理念的作用

如何有效破除教学过程中存在的种种影响教学质量的问题，让课程教学为高质量人才培养提供有力的支撑？创新课程教学理念尤为重要。课程教学理念创新是深入有效开展课程教学改革的先导，先进的课程教学理念将在保障高质量课程教学方面发挥巨大作用。

（1）理解把握教学规律

教学理念的形成需要深入思考自身、社会、历史等教育经验，深刻思考教学存在这样或那样问题的根本原因，深入思考怎样开展更有质量的教学，深入思考、理解和把握教学规律，对现有教育经验进行高度概括和系统化并创新形成教学理念。理念的形成过程蕴含教育者对教学目标、教学方法、教学组织、教学效果等一系列反映教学规律和教学本质问题的思考，因此理念一旦形成或为寻找理念者所拥有，必然对教学改革产生重要的先导作用，对教学实践产生重要的引导作用。

（2）明确坚持课程目标

先进的课程教学理念一定聚焦于科学的课程教学目标，这种科学的课程教学目标是理念持有者在深刻理解把握教学规律基础上，对教育教学深信不疑、持之以恒的一种执着追求，既符合社会经济现实需要，又能很好地前瞻教育和社会的发展需求。拥有先进课程教学理念的教师不仅课程目标明确，而且充满为实现目标而投入教学创新的热情、激情和动力。

（3）深入推动教改实践

课程教学理念是对教学发展规律的坚信不疑的认识和判断，不仅蕴涵着人们的理性智慧和价值取向，还凝聚着人们的热情、激情和情感，激励人们为实现该理念所蕴含的课程教学目标而奋斗。课程教学理念是人们从事课程教学活动的指南，引导和规范着人们从事教学活动时的思维方法和实践行为，深入推动人们按照理念所指引的方向，集中智慧与精力进行教学改革，创新教学实践，确保课程教学为高质量人才培养提供有力支撑。

（4）保障提高教学质量

先进的课程教学理念能够保障提高教学质量，根源来自三个方面：一是理念持有者对教学的热爱。课程教学理念是一种价值取向、一种价值观，拥有先进课程教学理念者，必然对课程教学充满情感，对学生充满爱心，因为他们坚信做好课程教学工作的价值和意义。二是理念持有者对教学工作的自觉。拥有先进课程教学理念者不仅会表现出一种积极的精神状态和工作激情，还会对课程教学工作充满高度的自觉，自觉加强自身职业道德、职业操守修养，自觉遵守教学管理，自觉完成教学任务。三是理念持有者对教学改革的主动。课程教学理念会让教师有很强的责任感，从而不断地严格要求自己，提高自己对教学的认知能力和专业水平。拥有先进课程教学理念者会主动关注社会的发展和变革，主动开展能够有效实现课程目标的教学改革，把教学理念贯穿在课程建设、课程教学和课程评价全过程之中。

（5）实现学生全面发展

课程教学理念的形成源自教师对教学经验、特别是对教学目标的思考，教学目标的核心内涵应该是促进学生的全面发展。先进的课程教学理念能够指导有效教学设计和促进有效教学，保障教学过程各环节聚焦课程教学目标开展，实现激发学生学习兴趣、引导学生广泛参与、训练学生思考思维能力、培养学生实践和创新能力、塑造学生健康人格和教会学生有效学习和终身学习的目的，从而促进学生全面发展。

2.2.4.2　目前研究和实践的主要教学理念

国外大学非常重视办学理念的凝练创新与持之以恒的实践坚持，比如：牛津大学和剑桥大学均以“追求学术性，培养有教养的人”为办学理念；洪堡大学以“教学与研究相统一”为办学理念；哈佛大学以“课程要适应社会发展需要”为办学理念，并提出课程要培养适应个性发展和社会发展的“完整的学生”；威斯康星大学以“大学必须为社会发展服务”为办学理念；麻省理工学院以“培养学生具有创新精神”为办学理念；耶鲁大学提出“以学生为中心”办学理念，并强调“教育必须为不可预测的未来培养学生”，等等。不管办学理念是倾向于宏观还是更易于指导微观，办学理念均会对教师队伍建设、教学过程管理、指导引领教师树立适应于学校办学理念需要的教育教学理念等方面产生积极的影响。基于问题学习（PBL）教学模式、目标导向教学模式（BOPPPS）、5E教学模式、混合式教学模式，以及翻转课堂模式（FCM）等（这些模式将在第3章详细介绍），均折射出学术自由、学生中心、学生发展、人才培养及服务社会质量导向的教育教学理念的指导和引领。

在国内，无论是国家教育管理部门、大学，还是教师自身均非常重视教育教学理念的创新与实践。国家层面提出了“以人为本，全面发展，素质教育，创造性理念，主体性理念，个性化理念，开放性理念，多样化理念，生态和谐理念，系统化理念”等十条现代教育理念，这些理念在教育管理、指引教师深化教育教学改革方面发挥了积极的作用。

我国大学也十分重视教学理念的凝练创新和实践发展，如，北京大学的“思想自由，兼容并包”办学理念以及“以人为本、因材施教”的教学理念。清华大学早期“大学者，非谓有大楼之谓也，有大师之谓也”办学理念以及现在践行“价值塑造、能力培养、知识传授”三位一体教育理念，致力于培养既具有高尚品质又有专业能力的创新型人才。上海交通大学“实心实力求实学，实心实力务实业”的办学理念和“当为第一等人才”的育人理念。复旦大学“学术独立、思想自由”的办学理念。

我国广大教师特别是大多数高等教育界的教育工作者均能认识到教学理念体现了教师对于教育的理解和追求，是教育过程中的灵魂。大部分教师均能秉持一定的教学理念，只是因为对课程教学的认知和理解程度不同，每个人的教学理念也不尽相同。目前在中国知网，以“教学 & 理念”为篇名关键词，可检索到 56000 多篇相关文献，其中关于高等教育的有 10000 多篇；以“教育 & 理念”为篇名关键词，可检索到近 36000 篇相关文献，其中关于高等教育的有 8800 多篇；以“教学 & 模式”为篇名关键词，可检索到 287000 多篇相关文献，其中关于高等教育的有 64000 多篇；以“教育 & 模式”为篇名关键词，可检索到近 82000 篇相关文献，其中关于高等教育的有

24000多篇。任何一个教学或教育模式改革或创新的背后一定有一个甚至多个教学或教育理念的创新，可见关注和研究教育教学理念人数之众。

因此综合而言，国内外大学及教师的教育教学理念很多，本节仅简单介绍国内外研究与实践比较广泛的以人为本、教师中心、学生中心、立德树人、成果导向（OBE）、终身学习等教育教学理念的内涵。

（1）以人为本理念

如何理解“以人为本”理念的内涵？基于“以人为本”中的“本”字是“根本”的意思,“以人为本”中“人”字的第一层含义是指“学生”，所以，“以人为本”教育教学理念首先“要理解以学生的发展为根本”；“以人为本”中的“人”也可有第二层指代，就是指代“高素质的师资队伍”，理想状态下，应该指“大学者，非大楼之谓，大师之谓也”中的“大师”，此时，“以人为本”可以理解为“以高素质的师资队伍为发展学生的根本条件”。学校的一切制度、一切规范以及政策措施均应把促进教师和学生发展放在第一位。

学校的一切制度安排和政策措施要考虑教职工的职业成长需要，要体现人性、考虑人情、尊重人权，尊重人的个体差异性[13]，给教师充足学术自由和探索空间，激励教师在学术水平、职业操守和敬业精神上努力成为“大师”，激励教师在教学工作中更好地发挥教师的主体能动作用，促进学生的全面发展。

以人为本，首要的是以学生的发展为根本。要求教师以“以人为本”理念为指导，开展教学改革，创新人才培养模式。既要注重学生的全面发展，也要了解人的特点，尊重个性发展，切实将知识传授、能力培养和素质提升等融合贯穿于整个人才培养过程之中。

（2）教师中心理念

以教师为中心是一种传统教学理念，教师以前按照书本讲或进行一定内容的板书，现在是通过 PPT 演示文稿来展示教学内容，学生处于被动听讲或记录笔记的状态，教师是知识传授者，学生是被动接收者，接受教师的知识灌输。

传统“教师中心”教学理念有四个方面的特征：其一，教师主导教学活动，较少从学生需要角度设计教学活动。传统课堂以传授知识为主，学生是知识接收者。教师按教材的知识内容安排教学进度，较少从学生需要角度设计教学活动，教学互动少，师生交流少。其二，教学目的以传授知识为主，较少思考学生的能力培养和素质提升。传统教师中心教学理念的教学目标往往比较单一，主要是以知识传授为教学目标，对能力培养和素质提升方面没有统一要求，讲课过程中涉及或多或少的能力与素质方面的目标要求，则随教师学术水平、职业操守及敬业精神而呈现较大差异。其三，传统教师中心教学理念教学方法往往比较单一，较少有因材施教的教学方法设计。教师中心理念往往以单一知识传授为教学目的，教学方法比较单一，没有考虑学生个体差异性的教学方法设计，容易出现灌输式课堂、照本宣科式课堂。其四，教师中心理念的教学评价以考试成绩评价为主，针对能力和素质的过程性评价少。教师中心理念表现在教学目标上重知识传授，轻能力培养和素质全面提升，表现在教学过程及教学组织上，缺乏针对能力和素质的教学设计，也难有针对能力和素质的过程性评价[14,15]。

（3）学生中心理念

“以学生为中心”作为一种教学理念，其理念拥有者是教师，也就是理念的主体是教师。当一名教师摒弃“教师中心”理念，而自觉“以学生中心”为教学理念，则给其教学带来的影响一定是深刻的，变化一定是巨大的。首先，目标不再是单一的知识传授，而是融合了知识传授、能力培养、素质提升和价值塑造的综合目标。其次，突出围绕目标的针对性教学设计，强调学生学习的主动性和自主学习能力的培养。教学环节也不再是教师单独地讲，教学方式方法实现多样化，师生互动环节、学生自主学习环节会明显增多。再次，学生中心教学理念下，学生的角色也发生了显著的变化，可以兼顾学习过程中学生的个体差异。学生不再是被动地接受教师灌输知识，而是积极参与到学习过程并主导自己的学习。学生通过自主探究、实验和研究等方式来获取知识和发展技能，也可以根据自己的兴趣和能力选择学习的内容和方式。

（4）立德树人理念

立德树人是高等学校教育教学的根本任务。课堂和课程是落实这一任务的主阵地和主渠道。抓好课堂教学和课程建设是关键。教师要以立德树人为教育教学理念，将立德树人内化于心、外化于行，紧扣立德树人目标开展教学实践。要做到这一点，一定要准确理解立德树人的要求[16]。

立德树人作为教育教学理念，明确提出了“立”什么“德”和“树”什么“人”的教学目标。不往深处和复杂化方面讲，“立德”有三个方面涵义：一是“立”中国特色社会主义“大德”，要修好中国特色社会主义政治思想之德；二是“立”有益于社会发展的“公德”，要修好爱岗敬业、努力进取、甘于奉献之德；三是“立”能够独善其身的“私德”，要修好品行、涵养、作风、习惯、道德意识及行为规范之德。树人也有三个方面涵义：一是“树”拥有远大理想，能担当民族复兴大任的时代新人；二是“树”能适应社会发展需要的未来之人；三是“树”适应当下需要的全面发展之人。

要坚持和实践好立德树人教学理念，教师必须加强自身的道德修养，要做“有理想信念、有道德情操、有扎实学识、有仁爱之心”的四有老师。除此之外，教学实践中，教师要以立德树人为教学目标，加强教学模式创新，努力提高教学效果。

（5）成果导向（OBE）理念

OBE（Outcome-based Education）成果导向教育理念，源于 20 世纪 80 年代的美国教育改革。该理念强调“以学生为中心，以成果产出为导向，建立持续改进机制”，是工程教育专业认证中的核心理念。近年来，OBE 不仅成为我国工程教育本科生培养的基本要求，而且被广大教师用于指导课程教学改革。在中国知网，以“OBE”&“课程”为篇名关键词，可检索到 4600 多篇相关文献，其中关于高等教育的有 3300 多篇，最早的文献发表于 2015 年。

OBE 用作课程教学理念有三方面要求[17]：一是要基于 OBE 理念设计课程教学目标。课程目标要包括知识传授、能力培养、价值引领三个层面的要求。知识方面，以学生达到“懂认知、会理解、善应用”为低阶教学目标，以实现“会分析判断、综合建构”为高阶教学目标；能力方面，达到“能分析和解决问题，能善于提出问题，有创新意识”；价值目标方面，能够达到“价值认同，文化认同，具有家国情怀，立志担当作为”。二是围绕教学目标进行教学设计。教学设计内容包括教学内容重构、教学方法设计和教学组织设计。教学内容的设计要充分挖掘和利用线上资源，教学方法要采用案例式、讨论式及项目式等多种教学方法，教学组织通过讲解、讨论、自主学习等多种环节相结合的形式进行。三是开展教学过程评价，针对学生的学习表现、参与程度、线上或线下完成测试及作业情况，随着课程组织环节的推进，加强记录考核和评价，及时反馈指导持续改进课程教学。

（6）终身学习理念

终身学习是指人在其整个生命周期中，为适应未来社会、职业和生活的变化，要不断学习、不断获取新知识和新技能的过程。面对科技、知识、社会的快速发展和变化，高等学校在其教学实践中已经不是讨论要不要践行终身学习理念的问题，而是要思考如何实践终身学习理念的问题。教学过程中要落实终身学习理念，教师要有这样三个方面的认识[18]：一是改变“教师中心”的教学理念。有不少教师仍然遵循“以教师为中心”的课堂教学模式，教师以讲授知识为主，处于主导地位，而学生处于被动学习知识、被动接受知识被灌输的状态，这种教学模式不利于培养学生的思考能力、思考习惯和自主学习能力。二是认识终身学习的重要性，向学生宣传终身学习的思想。现代社会科技快速发展，加上信息化、网络化、智能化的叠加演进，社会发展变化也在不断加速，仅凭大学几年的学习而受用终身已经完全不可能，如果有这种想法，对其本人来说，则只有被未来淘汰的结局。不管采用什么学习形式，大学之后的继续学习、终身学习已经是必然选择。三是教师应该明确把教会学生会学习作为教学目标。围绕此目标，教师要有针对性地进行教学设计，教师在传授知识时，更要重视激发兴趣、启迪智慧，让学生主动参与教学；教师要注重培养学生思考思维能力、沟通表达和团结协作能力，让学生深度参与教学；教师要通过教学内容和教学环节设计，循序渐进培养学生建构知识能力、培养学生信息获取和综合解决问题的能力，从而培养学生自主学习能力。

2.3　“目标问题导向”课程教学理念

2.3.1　目标问题的内涵

目前课程教学存在目标聚焦度不够（特别是目标素质聚焦度不够）、教学设计环节弱化、教学设计针对性不强、有效教学和有效学习不突出等问题，而且目前在教学实践层面还没有能很好地引领、指导课程教学改革的理念，基于对课程教学实践现状，特别是课程教学中存在的诸多问题的深刻认识和思考，本书作者创新性地提出了目标问题导向式课程教学理念。

目标问题导向式课程教学理念的“目标问题”是一个整体概念，“目标问题”的“目标”与“问题”不能割裂开来理解，“目标”与“问题”的逻辑关系是修饰关系，而非并列关系，指“目标的问题”。“目标问题”是围绕课程教学内容和人才培养目标，特别是课程教学目标，在知识、能力和素质方面的综合要求而设计产生的教学问题，以“目标问题”回应课堂目标、课程目标，支撑专业人才培养、学校人才培养目标以及国家立德树人的总要求。围绕目标进行教学问题设计可以做到有的放矢，以“目标问题”引导教学，以“目标问题”的分析和解决组织教学，环环相扣，逐渐提升，把同一目标素质分解在不同课程的一系列目标问题中，不断强化提升素质培养的强度和刚度。

2.3.2　目标问题导向的内涵

“目标问题导向”既不是目标导向，也不是问题导向。“目标问题导向”中的“导向”有两层含义，一方面目标导向教学问题设计。这里的目标应该是国家、学校、专业三个层面目标要求逐层传递和叠加后的课程教学目标，要求教师**拥有非常清晰而且细化分解**的课程教学目标。要达成什么样的目标，应该设计什么样的教学问题。比如，如果把激发学生兴趣、启迪学生智慧和培养学生思考、思维、应用、创新等能力作为课程教学目标，教师一定会在这样目标导向下，深入研究教学问题的设计。另一方面是目标问题导向教学组织。目标问题设计后，怎么组织教学？首先，要处理好课前、课中、课后的关系，课前学习什么问题，课中讲解什么问题，讨论什么问题以及课后继续学习什么问题，均应做好教学安排；其次，调动学生深度参与教学，突出学生的中心地位；再次，对不同目标问题采用相应有效的教学方法。针对不同内容、不同能力素质目标要求，要有针对性地设计不同类型的问题，针对不同类型问题，应该用不同的教授方法和学习方法。

2.3.3　“目标问题导向”课程教学理念

为什么称“目标问题导向”为课程教学理念？

首先思考这样一些问题：

（1）国家、学校及专业对人才培养的目标要求如何实现？在课程教学中该怎样体现或紧扣这样的目标要求？

（2）课程教学究竟应该教给学生什么？除了知识之外，如果把培养思考、思维、应用和创新能力作为课程教学的目标，“应然”的课程教学又该怎么做？

（3）课程教学中究竟存在哪些问题？如何落实“以学生为中心”？

（4）在教学实践中，知识该怎么讲？知识是重要还是不重要？如何处理传授知识与培养能力和素养的关系？

（5）毋庸置疑，知识一定非常重要，特别是学科体系中基本概念、基本原理等有关知识更为重要，什么样的教学模式能让教师在教学过程中，不停留在知识层面讲这些知识，而是能把枯燥的知识性内容演绎得能够激发同学兴趣？

（6）怎样提高教师教改的积极性？有没有一种更能反映课程教学问题的理念帮助愿意开展课程教学改革的教师？

毫无疑问，上述思考的问题，反映了课程教学较为普遍的客观状况。基于这样的思考，本书作者提出“目标问题导向”课程教学理念。

“目标问题导向”课程教学理念就是要有效解决目前课程教学中存在的问题，具体思路是围绕国家、学校、专业对人才培养的目标要求，聚焦课程的知识体系和能力素养的要求，设计不同类型的教学问题，也就是目标问题，再用目标问题来组织教学。在具体教学组织过程中，可以根据目标问题的类型和内容，灵活采用相应的教学方法。

“目标问题导向”课程教学理念提出以后，本书作者首先在《石油炼制工程》国家级一流课程进行了深入的教学实践，随后在《石油化工工艺学》《化工仪表及自动化》《化工原理》《审计学》《大学物理》《通信原理》《大学英语读写（一）》《混凝土与砌体机构（一）》《高级财务会计》《形势与政策》《中西乐器（主修）古筝》等50多门国家级、省级以及校级一流课程或教师自选课程教学中广泛地进行了教学实践。

教学实践表明，“目标问题导向”课程教学理念能很好地激发教师教改积极性、有效指导“以学生为中心”教学设计和教学组织，能处理好知识学习与能力素养培养的关系，强化学生知识应用和思考、思维、创新能力，有效解决了课程教学中存在的问题。深刻分析“目标问题导向”理念对课程教学实践的激励和指导作用，“目标问题导向”理念具有非常明显的理念特征。

（1）客观性。课程教学效率不高，教学过程游离于国家、学校及专业目标要求之外，教师对教改投入不足、积极性不高，缺乏有效的教学理论指导。目标问题导向课程教学理念揭示了课程教学质量不高的本质，反映了客观实际，不以人的意志而转移。

（2）实践性。目标问题导向课程教学理念来源于对课程教学实践存在的教学过程游离于目标之外、教学过程效率低、教师教改积极性不高等若干问题的深刻认识和思考，能有效指导具体的教育教学实践，经教学实践检验是非常正确的。目标问题导向理念来源于实践，能很好地指导实践，并在教学实践中，逐步变得更加完善、更加丰富。

（3）抽象性。影响课程教学质量的因素有很多。目标问题导向课程教学理念透过复杂的现象把握到“可视”“可摸”“可感”的普遍性、本质性规律。理念可深层次、全面地反映现实，理性地解释现实。

（4）全面性。目标问题导向课程教学理念是对课程教学存在的围绕目标设计教学问题、课程教学过程与组织、教学方法、教学情景设计等方面多样性统一的反映。它不仅表现在课程教学问题存在的现实形态上，而且表现在它自身历史发展的过程中。目前传统教学存在的最突出的矛盾方面是缺乏围绕目标的教学设计，伴随目标问题导向课程教学理念的实践应用，突出的矛盾方面存在形态一定有所发展和改变，但不会脱离目标问题导向课程教学理念所揭示的导致课程教学质量存在问题的本质和现象。

（5）预测性。目标问题导向课程教学理念主要内容是要围绕国家、学校、专业等目标要求，设计教学问题，用教学问题来组织课程教学。它是对课程教学存在的各种影响质量的因素的一次头脑加工、思维抽象，是对课程教学本质、内在联系的规律性的认识，不仅能够真实反映课程教学中存在的实然状态，还能够规律性指向课程教学的应然状态，体现了目标问题导向课程教学理念的预测性。

（6）导向性。目标问题导向课程教学理念能有效指导教学实践，成为检验课程教学是否是有效教学的一个标准，理论的合理性又需要实践检验，这样就形成一个循环互检的过程。目标问题导向课程教学理论与课程教学实践在循环互检中不断修正完善，最终引导教学实践不断逼近人才培养目标，体现了目标问题导向课程教学理念具有很强的导向性。

参考文献

[1] 夏征农主编. 辞海[M]. 上海: 上海辞书出版社, 2000.

[2] 中国社会科学院语言研究所词典编辑室编. 现代汉语词典[M]. 北京: 商务印书馆, 2002.

[3] 冯契主编. 哲学大辞典(修订本)[M]. 上海: 上海辞书出版社, 2001.

[4] 中国大百科全书编委会. 中国大百科全书・教育[M]. 北京: 中国大百科全书出版社, 1985.

[5] 曲伟, 韩明安主编. 当代汉语新词词典[M]. 北京: 中国大百科全书出版社, 2004.

[6] 顾明远主编. 教育大辞典(12卷本)[M]. 上海: 上海教育出版社, 1990-1992.

[7] 叶志明, 王骞, 陈伶俐. 论教书育人与课程思政之关系[J]. 力学与实践, 2021, 43(5): 744-747.

[8] 王方华. 知识管理论[M]. 太原: 山西经济出版社, 1999: 217.

[9] 胡卫平, 徐晶晶, 皮忠玲, 张阳. 智能时代的教育变革: 思维型教学理论引领"技术赋能教学"[J]. 远程教育杂志, 2023, 41(6): 3-9.

[10] 付用军, 战希臣, 杨春周. "金课"建设视角下高校课程考核改革研究[J]. 大学教育, 2021(12): 38-40.

[11] 闫丽媛, 王鹏炜. 高校教师评价内容存在的问题及完善建议[J]. 西部教育, 2021(9): 105-110.

[12] 任云慧. 我国高校教师评价存在的问题及发展趋势研究[J]. 科教文汇(上旬刊). 2017(22): 19-20.

[13] 袁馨泉. 高等学校教学理念的创新[J]. 重庆工学院学报, 2006, 20(5): 185-188.

[14] 杨帆, 许庆豫. "教师中心"与"学生中心"教学理念辨析——基于中小学教师的问卷调查[J]. 高等教育研究, 2006, 20(5): 185-188.

[15] 吴木营, 罗诗裕, 邵明珠. 当代教育理念中"教师中心论"与"学生中心论"的哲学思考[J]. 东莞理工学院学报, 2012, 19(6): 90-93.

[16] 李益龙，王国庆，王超，王珩，郑晓华. 新时代高等教育中“立德树人”理念的贯彻路径[J]. 中国地质教育，2020，(4)：5-10.

[17] 毛俊超，赵建昕. OBE理念下混合式教学设计研究[J]. 高教学刊，2023，(22)：118-121.

[18] 姜昕，赵修文. 基于终身学习理念的大学生自主学习能力的培养[J]. 黑龙江高教研究，2013，(12)：129-131.

第3章

目标问题导向课程教学模式

3.1 目前的课程教学模式

3.1.1 教学模式及其特点

美国学者 Joyce、Well、Calhoun 在《教学模式》一书中，提出“一种教学模式就是一种学习环境，包括使用这种模式时教师的行为。这种模式有多种用途，包括从安排上课、创设课程到设计包括多媒体程序在内的教学资料”[1]。Joyce 等从教学情景、理论依据、模式导向、模式结构和应用、教学效果、教学建议等方面详细介绍了信息加工、社会、个人、行为系统等四类 20 多种可供选择的教学模式。此书自 1972 年首次出版以来，不断再版，已经成为研究教学模式不可或缺的参考资料。

国内，有关教学模式的研究也受到学者们的高度关注。许多学者提出了教学模式的定义及对教学模式内涵的理解，本书对此不做详细综述。综观国内学者的文献，教学模式较为普遍的定义为：教学模式是在一定教学思想或教学理论指导下建立起来的较为稳定的教学活动结构框架和活动程序。作为结构框架，突出了教学模式从宏观上把握教学活动整体及各要素之间的关系和功能；作为活动程序，则突出了教学模式的有序性和可操作性。教学模式具有理论性、目标性、操作性、稳定性、开放性等特点[2-5]。

本书作者所在教学团队从“易为一线教师理解和接受”出发，更多地从教学实践角度把教学模式理解为：首先，教学模式设计者和实践者非常清晰且执着融合知识、能力和素养于一体的教学目标；其次，围绕教学目标，教师要有一个明确的“教师 - 学生 - 教材”三者之间相互关系的结构框架，要落实好教师主导（围绕目标的教学设计）、学生中心（以培养学生能力和素养为核心目标）和教材辅助（有规律地重构教材内容，便于组织教学）三方面功能；再次，按“课前（线上）- 课中（教师讲解或学生讨论）- 课后作业 - 教学评价”的程序完成重构教材内容的教学与学习。

（1）理论性

教学模式的理论性不仅体现在教学模式是教学理论应用于教学实践的中间环节，而且深层次地内隐于教学活动的各环节之中，指导教学模式在实践中不断丰富完善。教学模式的理论性还体现在教学模式不是凭空产生的，它是教学理论和教学实践结合的产物，是教学理论应用于具体教学实践的产物。教学模式的理论是教学模式的科学基础和创新源泉。

（2）目标性

任何教学模式都有其明确的教学目标。教学模式的目标性体现在教学目标不仅是构成教学模式的核心因素，而且决定着教学模式的操作程序、教学内容的处理方式以及教学过程中的师生角色地位和教学关系。教学模式的目标性既体现于教学目标是教学活动的逻辑起点，更着眼于教学质量和教学效率这个实践终点。从教学模式目标性看，不存在对任何教学过程都适用的普适性的模式，但存在目标性更强、教学效果更好的教学模式。目标性是教学模式发展的动力。

（3）操作性

教学模式的操作性主要体现在教学模式面向教学实践，它源于教学理论但比教学理论更易于理解把握和实践运用。教学模式规定并提供了比抽象的教学理论更具体的教学实践行为框架，比如，教学过程组织、教师和学生各自角色地位、教学内容如何整合重构，教学目标如何细化落实，等等。这些规定和要求容易为教师所理解、掌握和运用，使得教师在教学过程中有章可循。

（4）稳定性

教学模式是基于一定教学理论，围绕特定的教学目标，针对教学过程中存在的普遍性问题，在一定的社会现实条件下，为提高教学质量和教学效率，所建立的教学活动结构框架和活动程序。教学模式在一定程度上，揭示了教学活动的普遍性规律，它不涉及具体教学内容，但对教学活动设计有明确的参考和指导作用，具有一定的稳定性。因为教学理论或教学思想是一定社会的产物，因此教学模式总是与一定社会的政治、经济、科技等发展水平相关联，所以教学模式的这种稳定性是相对的。

（5）整体性

教学模式是一个由理论、目标、环节或程序、措施或方法、效果评价等多要素构成的逻辑关系清晰的有机整体。教学模式的整体性主要体现于其理论上合理、实践中可行和效果可证可评，体现于教学过程的有序和连贯。实际操作中，教学模式表现为以目标、质量和效率为出发点和落脚点，在结构、程序和方式方法等具体细节上可微小调节及持续完善的闭环体系。

（6）开放性

教学模式是在一定教学理论指导下形成的有稳定结构和程序的教学实践过程，教学模式是为教学目标服务的。教学目标的逼近程度以及教学效果的优质程度，是衡量教学模式优劣的一个基本标准。任何一个教学模式均难以做到一开始就能完全达到这个标准。教学理论本身是不断发展的，也不可能主动地、科学地结合于教学实践，需要教学模式设计者和实践者对教育理论和教育实践有一个深刻的认识，而这种认识显然是一个不断发展的过程。此外，教学模式还要适应科技、经济等社会条件的变化。因此，教学模式具有开放性特征。

3.1.2 目前研究与实践的主要教学模式

传统教学模式以教师为主、以教材为主，教学活动的基本框架是教师讲、学生听，教师问、学生答，突出教学关系中的教师因素、教师作用以及书本知识的学习；传统教学模式的基本程序"讲—听—记—练—考"，基本上也是围绕对知识的学习展开教学。传统教学模式注重知识学习，对学生能力、素质的培养针对性不够，逐渐暴露出学生学习兴趣不高、思考思维能力不足、应用知识分析和解决问题能力、实践创新能力不足等问题。因此，我国教育工作者们普遍关注和重视课程教学模式创新研究和实践，学习借鉴了国外许多新型教学模式。

（1）基于问题学习（PBL）教学模式[6,7]

基于问题的学习或问题式学习（Problem-Based Learning，PBL）教学模式，源于半个多世纪以前北美大学医学院的教学改革，最早于1969年由美国神经病学教授霍华德·巴罗斯（Howard Barrows）在加拿大的麦克马斯特大学提出。1980年，美国的巴罗斯和泰姆莱恩（Barrows Tamblyn）出版了《问题式学习——一种医学教育方式》（Problem-based learning：An approach to medical education）一书，第一次系统地阐述了问题式学习教学模式的活动结构及其教育思想，将问题式学习界定为：在理解和解决问题的过程中所产生的学习。问题式学习教学模式把学生置于具体的问题情境中，鼓励学生通过自主与合作学习，对问题进行有组织的、深入的探究而进行学习。

问题式学习从提出以后，不管采用何种实践模式，都不脱离“学习起始于问题，终结于问题”的关键要素，教学活动的结构主要体现在以下四个方面。①学习方法：即以问题为导向，以项目为基础的学习方法。让学生在解决现实问题中获取知识、学会学习，并通过反思构建自己的知识。②学习内容：学生解决具体问题，必然需要多学科的知识，学科交叉成为 PBL 模式一大特征。③学习形式：强调以小组形式组织学习。通过相互合作、相互交流来解决问题、分享知识，以培养学生的组织管理、自主管理以及合作交流能力。④学习主体：以学生为中心，学生自己选题，自己设置目标，自主研究，成为独立的思考者与学习者，而教师仅起一个教练、支撑、引导学习的角色。

问题式学习教学模式的典型流程包括五个环节：①呈现问题——在任何的准备或研究之前；②问题以它在现实生活中的原本方式呈现给学生；③学生运用已有知识，围绕问题展开分析，界定具体的学习议题，作为下一步的学习方向；④把学习、探索中所学到的知识和技能运用到最初的问题解决中，以评估学习的有效性，并强化学习；⑤对问题解决过程所获得的知识与技能进行归纳与整合，使之成为自身知识和技能结构的一部分。

问题式学习教学模式起源于医学领域教学改革，具有倡导学生直面问题、激发学生的学习动机和兴趣、鼓励学生自主探究、促进学科交叉、突出合作学习等特点，历经 60 多年的发展，目前已经广泛应用于自然科学、社会科学等各学科领域，成为高等教育界颇为流行的一种教学模式。在中国知网，分别以“问题式学习”“基于问题的学习”“基于问题学习”为篇名关键词，可以检索到 900 多篇相关论文，可见，在我国，问题式学习教学模式也受到了普遍关注和研究、实践。

（2）目标导向教学模式（BOPPPS）[8,9]

BOPPPS 教学模式是由加拿大教师技能培训工作坊（Instructional Skills Workshop，ISW）于 20 世纪 70 年代创建的，是一种以教学目标为导向、以参与式学习为核心、以多样化教学方法为手段的教学模式。BOPPPS 教学模式根据人的注意力大约只能持续维持 15 分钟的自然规律，将课堂教学内容切割为 15 分钟左右的多个教学小单元。每个小单元的教学活动又按导入（Bridge-in）、目标（Objective）、前测（Preassessment）、参与式学习（Participatory learning）、后测（Post assessment）、课堂小结（Summary）等六个环节来设计教学活动，拼接六个环节的英文首字母即成“BOPPPS”教学模式。

导入（Bridge-in）环节：是授课的必要环节，可以通过与本次课或本单元的内容知识关联的现象、热点等，导入要讲授的内容。目的是吸引学生注意力，诱导学生产生强烈的学习动机，引导学生及时进入学习状态。

目标（Objective）环节：目标设定内容包括明确指出学生应掌握的知识要点和熟练程度以及学习后学生能自我评估是否达到了要求。目标设计是所有教学环节的目标指向，每个教学内容和教学方法的选取都是为教学目标服务的，要明确地让学生知道该单元及本课程要达到的教学目标，让学生带着目标进行学习。

前测（Preassessment）环节：该环节可以在课前或课堂上进行，主要目的是了解与本次课或本单元内容相关的学生知识背景、对先学课程的掌握程度以及学习能力等情况，是课堂互动设计的重要基础。

参与式学习（Participatory learning）环节：是 BOPPPS 教学模式

的核心环节，是以学生为中心教学思想的具体体现，是培养学生主动学习的重要手段。常用的参与式学习组织形式包括：分组讨论、角色扮演、动手推算、专题研讨、案例分析等。

后测（Post assessment）环节：及时进行学习后的测验是判断学生是否达到预期学习目的的重要环节，可以实时反馈学生对课堂内容的掌握情况，把老师“教完了什么”转向学生“学到了什么”。后测成绩可以作为学生的平时成绩，有利于进行过程性评价。

课堂小结（Summary）环节：起着课程内容回顾、梳理和归纳的作用。BOPPPS 模式强调由老师引导学生自己对知识进行归纳，可以采用互动形式，以加深学生对本次教学内容的理解，帮助学生构建长时间知识记忆。

尽管 BOPPPS 模式还需克服因教学目标可能过于抽象或过于单一而带来的目标难实现等不足，但由于其具有目标导向教学、以学生为中心、学生深度参与、学生自主学习等特点，得到了广泛的实践探索和应用。

在中国知网，以“BOPPPS”为篇名关键词，可以检索到 2011 年至今，有近 2100 篇相关论文，可见，在我国，BOPPPS 教学模式也受到了普遍关注和研究、实践。

（3）“5E”教学模式[10–12]

“5E”教学模式是在 1989 年由美国生物科学课程研究所（Biological Science Curriculum Study，BSCS）提出的。“5E”教学模式的教学活动流程由吸引（Engagement）、探究（Exploration）、解释（Explanation）、迁移（Elaboration）和评价（Evaluation）五个步骤组成，因这五个步骤的英文单词首字母都是“E”而得名。

① 吸引（Engagement）：这一步是“5E”教学模式的起始步骤。

根据即将学习的教学内容，教师在课前要先充分了解学生已经形成的与即将学习内容关联的日常概念或之前学过的科学概念情况，通过创新情境、提问或案例引发等形式，创造认知冲突或者疑惑，引出学生的先验知识，吸引学生的注意力或者激发学生的兴趣，使学生做好学习准备，产生探究学习和构建自己知识的意愿。

② 探究（Exploration）：探究是“5E”教学模式的中心环节。在“吸引”环节的基础上，引导学生进行探究。通过具体的探究学习，会进一步呈现学生对前概念、先验知识、相关技能和方法的思考理解的程度或可能错误的地方，为“解释”环节中强化学生对新概念或新知识的认知提供了基础。在探究环节中，学生是主体，教师需注意观察、倾听，以了解、掌握学生探究的进程和深度，并起引导和帮助作用。

③ 解释（Explanation）：解释阶段是“5E”教学模式的关键环节。这一阶段，可以让学生尝试先阐述对概念的认知，此后，教师根据学生掌握的程度，借助视频、多媒体软件、类比等多种方式辅助阐释课程新概念和新知识，帮助学生正确地理解概念，要特别注意纠正学生表露出的错误理解或已有的错误概念。

④ 迁移（Elaboration）：在迁移阶段，主要通过将新概念应用到新情境或解释新问题，强化对新概念的进一步理解和应用。教师首先要给学生创设一个新情境或提出一个新问题或假设，学生可以从教师给的资料及从图书资料、网络资源、数据库等多种渠道获取信息，进而应用新知识解决新情境问题。在这个环节中，教师给学生安排一个新的自主学习或讨论学习任务，给学生应用知识的机会，强化新概念与已有知识的联系，在不同应用情境中强化对知识的理解建构。

⑤ 评价（Evaluation）：在评价阶段，教师可以采用定量和定性方法评价学生对新知识的理解及应用能力。定量评价主要采用测试方式，

让学生书面回答有关对新概念理解程度的问题。定性评价是教师在整个教学过程中各环节均可进行的评价。教师可以通过提问、小组讨论及汇报中观察和掌握学生的理解程度、应用新知识能力。“5E”教学模式的评价环节可以确保学生学习活动的方向，让学生不断反思自己的学习过程，了解自己的思路、方法和理解掌握程度。同时，评价也可以促进教师对自己教学过程和效果的反思，从而进一步完善和改进教学。

“5E”教学模式十分注重教师的教学行为与学生的学习行为协调一致。因而，自其提出以来也引起许多教育者们的关注和重视。在中国知网，以“5E”&“教学模式”为篇名关键词，可以检索到2002年至今，有730多篇相关论文，可见，在我国，“5E”教学模式也受到了一定程度的关注和研究、实践。

（4）混合式教学模式[13–18]

① 混合式教学概念的提出

教与学的过程首先是知识信息传递的过程。传统教学面对面传递信息，尽管教师可能会应用视频、音频和图像等辅助手段组织课堂教学的知识信息，但教师讲授仍是知识学习的重要形式甚至是单一的形式。随着信息技术的发展，传统教学形式受到极大冲击，在混合式教学或学习的概念没有提出之前，非面对面的远程教育已经兴起，高速传输的网络技术使大量信息的实时传输和网上大量教育资源的实时利用成为可能。

传统的“面对面”教学（线下教学）与现代的“非面对面”网络教学（线上教学）各有优缺点，片面强调二者中的任何一种，都不科学。因此，当美国学者在20世纪90年代末提出混合式教学概念之后，混合式教学得到了广泛关注和快速发展。

② 混合式教学的发展阶段

混合式教学模式自提出以来的20多年时间里，经历了三个发展阶段：一是线上教学与传统教学的简单结合，是信息技术自然应用阶段（20世纪90年代末到2006年），主要关注什么是混合式教学。实际上，混合式教学概念提出之前，这种“简单结合”已经存在。也许正是学者们看到这种“简单结合”现象及其趋势，才提出了混合式教学概念。混合式教学概念一经提出，就引起了广大学者的广泛关注和研讨，推动了混合式教学的发展，明晰了混合式教学概念的内涵。二是线上教学与传统教学结构化整合阶段（2007—2013年），关注如何做好混合式教学（设计）。从教学结构构成上，美国斯隆联盟（Sloan Consortium）提出线上教学的内容要达到30%～79%，Means等人则提出25%以上的内容要采用线上教学。在这一阶段，已经不再争论什么是混合式教学，而更多地从教学策略、教学方法角度，关注线上与线下相结合的混合式学习环境下的教学设计。三是教学目标导向下的线上与线下融合阶段（2013年—至今），关注混合式学习环境给交互带来的变化，开始关注混合式教学带给学生的改变和对学生学习效率的影响。越来越多的学者指出，混合式教学并不是简单的技术混合，也不是简单的“线上”与“线下”两种教学环节的简单整合，而是为学生创造一种真正高度参与的、个性化的学习体验，突出“以学生为中心”的教学理念。

③ 混合式教学的内涵

目前，人们已不再争论什么是混合式教学了，对混合式教学概念的内涵形成了比较一致的共识：一是混合式教学就是在互联网时代将信息技术应用于课程教学的一种教学模式；二是部分教学在线上由学生自主学习完成，部分教学在线下由教师组织指导完成，需要教师精心进行教学设计，将线上环节与线下环节融为一体；三是混合式教学设计要突出“学生中心”理念，促进学生全面发展。

④ 混合式教学模式的主要步骤

混合式教学要从教学目标、教学内容、学习任务、教学方式、课堂管理、教学评价等方面进行构建，精心设计课程线上与线下教学环节。**一是要明确教学目标**。混合式教学要更加强调学生的综合发展，更加强调对学生自主学习能力和综合能力的培养，而不只是强调知识的传授。**二是整合教学内容**。根据教学目标，收集相关视频、音频、课件、图像、电子书、案例、习题等课程教学资源，对课本内容进行整合重构，建设或利用线上课程资源进行教学设计。要增加线上课程资源内容，减少线下教学内容。**三是要确定学习任务**。要明确学生线上学习任务以及线下要帮助学生解决的重难点问题。**四是选择教学方式**。教学方式包括线上和线下两部分。对线上教学做好充分准备，做好教学资料建设与选用和教学平台选取，同时要建立有效的线上沟通渠道。要加强对线上学习的指导，想方设法抓住学生、吸引学生和引领学生。线下环节要尽量减少一味“灌输”式教学，而要采用分组讨论、案例分析、专题研讨等方式，组织学生深度参与教学。教师要将更多精力投入组织开展交流讨论，讲解重难点问题上。**五是设计课堂管理**。课堂管理要基于课堂设计，课堂设计要围绕达成教学目标进行。线上线下教学时间分配、线上线下精力投入均是课堂管理的内容。线上环节，教师一定要通过引导方式加强对课堂管理，而不能仅让学生自主学习。线下环节，通过组织讨论、专题研讨、案例分析等形式加强课堂教学的组织管理。**六是注重教学评价**。在线上学习及线下学习之后，均应设计一些问题，通过雨课堂等平台，推送给同学，要求同学线上回答。同时，在同学们讨论时，向学生进行适当的提问，以便及时了解、掌握同学们的学习情况。

⑤ 混合式教学特征

与传统教学模式相比，混合式教学模式特征鲜明。**一是从本质上，**

打破了教与学的时空界限。传统教学过程中师生在同一时空下进行教与学的活动。而混合式教学则已经不局限于课室课堂，拓展了“教”与“学”的时空边界，学生可以随时随地进行线上自主学习，这是混合式教学模式的本质特征。**二是从内容上，突破了课本的局限**。教师要进行线上环节教学，必然要充分利用网上优质资源或自己建设线上学习资源，这一过程必然伴随对课本内容的重构，这就要求教师不能像传统教学那样讲课本，而是要突破课本的局限，要讲课程。**三是从角色地位上，突出了学生中心**。传统教学过程中，教师是教学活动的中心，是教学活动的主导者、组织者和管理者，而学生是接受者与被组织者、被管理者。混合式教学模式下教师和学生的角色地位发生了变化。教师首先是设计者、引导者、评价者，其次才是组织者和管理者。而教师这些角色的作用和目标，就是为学生主动参与学习以及学生全面发展服务的，学生成为课堂的主体，教师是主导。**四是从教学方式上，突出能力培养**。传统教学注重知识传授，基本是教师满堂灌输地讲。混合式教学，在线上学习之后，教师在组织讨论、专题研讨或案例教学的线下环节中，一方面检验学生线上对学科知识学习的情况，另一方面也促进了学生对知识的应用和建构，提升了学生应用知识能力以及思考思维能力。**五是从目标上，突出了学生发展**。混合式教学，教师要根据学生的学习和发展需求进行教学设计，通过提供线上可视化的教学材料，丰富教学内容，激发学生学习兴趣，提高学习效率；同时，可视化的教学材料能够反复观看，方便学生巩固复习，提高学习效果，也有利于培养学生自主学习能力。线下学习环节，通过小组讨论等形式，可提高学生协作沟通能力和语言表达能力。**六是从教学评价上，强调过程评价**。混合式教学要改变传统教学的终极性评价，而应注重过程性评价。除了通过雨课堂等平台的线上问题回答之外，教师还要注意评价学生学习态度、自主学习、实践创新和沟通交流等能力。

⑥ 混合式教学面临的问题

混合式教学绝非信息技术的简单运用，也不是线上教学与线下教学的简单加减，而是面临许多问题。**一是要内化教学理念**。混合式教学突出以学生为中心，教师必须内化于心，外化于行，才能把混合式教学变成自觉行动，才能把促进学生的发展作为自己的职业追求，才能明确和细化课程教学目标，这些均体现在教师对教学的“用情”上。**二是要投入大量精力**。教师要围绕课程教学目标要求，精心进行教学准备。既要合理选择或建设线上学习资料，更要精心准备线下讲解内容、讲解方式，甚至要设计讲解情境。教师精力的大量投入，体现在教师对教学的“用心”上。**三是要提升教学能力**。信息技术的不断发展，催生了教学形态的层出不穷。教师原有的知识结构已经难以很好地满足自身职业发展的需要，这就要求教师有适应混合式课程教学模式需要的综合能力，才能有“力”可用，“用力”地“用情”“用心”。**四是要完善教学激励机制**。尽管传统教学相对简单省力，但仍会有一部分教师“用情”“用心”“用力”去研究和实践混合式教学改革，而有一部分教师不会主动深度地开展混合式教学探索。学校应该制订机制，优化教学工作量计算办法和教学绩效指标，激励和引导广大教师积极参与混合式教学改革实践与创新。**五是改革学业评价机制**。要建立适应混合式教学模式的学业评价机制。尽管混合式教学打破了时空界限，但从学习、掌握知识和能力培养的规律上，混合式学习还是有“进程”之分的。每堂课的学习有进程，每门课程的学习也有进程。单凭传统的终极性评价方式难以综合掌握学习过程表现、知识学习、能力培养的情况，要改革学业评价方式。要采用线上学习之后、教师线下讲解之后的过程评价，以及课堂提问、小组讨论等过程表现评价或学生自评、互评等过程评价与课程学习结束时的综合考核评价相结合的评价方式，要求过程评价占较高比例。引导教师更加注重促进学生发展的教学效果，也引导学生更加注重学习过程。

在中国知网，以“混合式教学模式”篇名关键词，可检索到9500篇相关文献，其中，关于高等教育有2400多篇，最早文献发表于2005年。以“混合式学习”为篇名关键词，可检索到2700多篇相关文献，最早文献发表于2004年。以“数字化学习”为篇名关键词，可检索到1800多篇相关文献，其中，有关高等教育的67篇，成人教育和特殊教育195篇。以“数字化教学模式”为篇名关键词，可检索到95篇相关文献。可见，混合式教学模式在我国已经引起了广泛的研究与实践。总体来看，目前混合式教学模式仍处于探索阶段，至少在教学理念内化、教师教学精力投入、教师教学能力提升、学校教学激励机制完善以及学生学业评价机制改革等多方面问题需要深入探索和完善。

（5）翻转课堂教学模式（FCM）[19-23]

①翻转课堂的起源

对于“翻转课堂”的起源，目前还没有一个统一的时间起点，可以分为三个阶段：**一是“翻转课堂”概念提出前的一种无意识的教学改革探索**。哈佛大学埃里克·马祖尔（Eric Mazur）教授于20世纪90年代早期便探索了“翻转课堂”教学模式，而在更早的时候其他一些教育者便已经有了与“翻转课堂”相关的一些想法。1998年，芭芭拉和安德森（Barbara & Anderson）在《有效指导》一书中介绍了这一方法的作用。**二是“翻转课堂”概念的提出**。2000年，美国塞达维尔大学贝克（J.Wesley Baker）在第11届大学教学国际会议上首次提出“翻转课堂”概念，他提交大会的论文题目为《课堂翻转：使用网络课程管理工具进行辅助指导》。**三是“翻转课堂”概念提出后的实践探索**。

2004年萨尔曼·可汗（Salman Khan）为远程解答表妹的数学问题而进行了教学视频录制与共享的尝试；2007年，美国科罗拉多州洛基山的林地公园高中两位化学老师乔纳森·伯尔曼（Jon Bergmann）和亚伦·萨姆斯（Aaron Sams）为给无法正常上课的学生补课也进行了教学视频录制与共享的教学探索。

② 翻转课堂内涵

2011年，萨尔曼·可汗（Salman Khan）在Technology Entertainment Design大会上作了题为"用视频重新创造教育"演讲报告。报告中讲到：很多中学生晚上在家观看可汗学院（Khan Academy）的数学教学视频，第二天回到教室做作业，遇到问题时则向老师和同学请教。这种模式与传统的"老师白天在教室上课、学生晚上回家做作业"的方式正好相反，这是比较早的对"翻转课堂"模式（Flipped Classroom Model，FCM）内涵的描述。

从中文字面意思来看，"翻转"就是翻来转去。思考清楚"翻来"和"转去"各自面向的是什么，也就可以理解"翻转课堂"的基本内涵了。传统的课堂教学以传授知识为主，德国著名教育家约翰·弗里德里希·赫尔巴特（Johann Friedrich Herbart）提出的"三中心"（教师中心、教材中心、课堂中心）代表性教育理论，很好地阐述了传统课堂教学模式。"翻转课堂"的主要内涵正是翻转这"三个中心"。

首先是课堂中心的翻转。课堂中心翻转的表象是教师的"教"与学生的"学"先后顺序的翻转。传统教学过程中教师先在课堂上传授知识，学生在课后复习、做作业巩固所学知识；而翻转课堂教学过程则是学生课前先通过由教师提供的教学视频来完成知识学习，然后教师再利用课堂时间集中解决学生在视频学习时所产生的困惑和疑问，完成知识的内化。这一看似仅是"教"与"学"顺序的翻转，实质是对传统**课堂中心**的翻转，将"课堂中心"翻转向"学习中心"。"学习中心”与“课堂中心”之间的显著区别在于：“学习中心”尽可能让学生处于能动、自主学习状态；课堂的学习已不再是简单的知识学习，而是知识的理解和内化；为促进学生对知识的理解和内化，课堂里的集中教学应针对学生课前学习遇到的问题进行教学设计，引导学生深度学习、深度思考。

其次是教学中心的翻转。传统教学以教师为中心，主要表现在以教师讲授为主和以知识传授为主。传统教学中的教学关系为：教师讲，学生听；教师问，学生答；教师写，学生抄；教师给，学生收。教师是教学活动的中心，教学活动出发点在“教”而不在“学”，目的在于**教会学生知识**，学生的学习被动地围着教师的教学转，被动地接受知识。翻转课堂教学模式**将教学活动的中心翻转**，无论是课前提供的视频学习和课中的教师答疑、讲解，均围绕学生的自主学习进行。翻转课堂教学模式教学关系为：学生自主学习，教师精心准备视频资料；学生主动思考提问，教师释疑解惑；学生能动讨论交流，教师引导点评。翻转课堂的教学活动以促进学生的学为中心，教师的教学主动地围绕学生的学习转，目的在于**教会学生学习，不仅传授学生知识，还培养学生能力**。

再次是教材中心的翻转。传统教学以教材为中心，教师围绕教材进行教学，教学内容多为书本中语言文字的简单搬运，教学方式有些甚至是照本宣科。教材中有什么，教师教什么；教师教什么，学生学什么；教材有什么，学生学什么。翻转课堂将教材中心翻转，教学内容不再简单搬运教材的语言文字，而是要考虑“学生要学什么”来对教材内容进行加工、重构，并以教学视频形式呈现教学内容。教材是教师备课的一个重要参考，已经不再是教学内容的唯一来源。同样，学生的学习也不再是仅面向教材。课堂中，教师与学生思维、讨论交流的焦点，主要聚焦课前视频学习的内容。翻转课堂的这种对教材内容的加工重构，有助于及时引入新案例和学科前沿内容，不仅拓宽了教材，也有助于激发学生的学习兴趣，培养学生查阅资料进行自主学习的能力。

③ 翻转课堂的教学模型

翻转课堂教学活动包括课前知识的自主学习、课中的知识训练内化、课后的检验评价反馈等三个阶段，如图 3-1 所示。

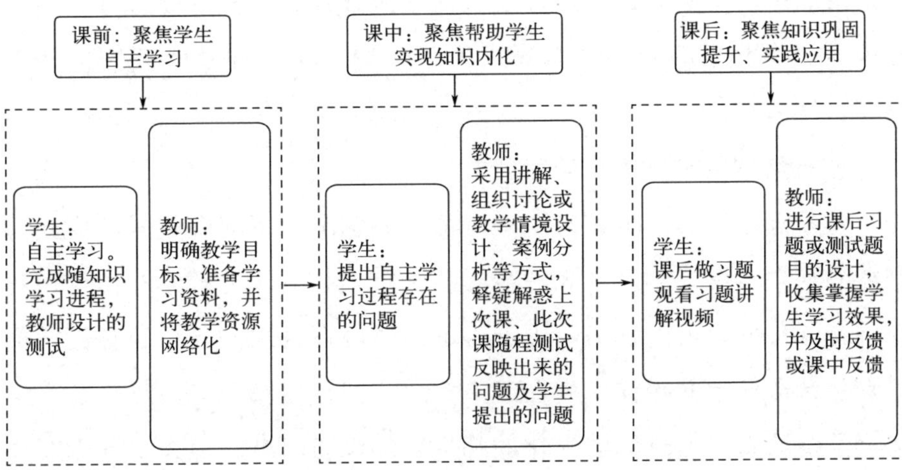

图3-1 翻转课堂教学结构框架

课前：知识自主学习阶段。在这一阶段，最重要的是教师要思考清楚，课程教学目标是什么？学生应该学到什么？如何充分应用先进的信息技术，实现学校与课室教学的突破？在此基础上，教师首先要录制视频，设计图片、制作 PPT 等教学资源，并通过成立网络课程社区、微信群或 QQ 群等，将教学资源网络化。其次，教师准备的教学资料，应能够吸引学生积极进行自主学习，引发学生思考。再次，在学生课前学习环节中，随着学习进程的延展，教师应该合理设计一些线上测试问题，引导学生积极参与，教师要对测试结果进行汇总，并用于知识内化阶段讲解或讨论问题的设计，确保课前学生自主学习的质量。

课中：知识内化阶段。这一阶段，主要基于由学生提出或由教师发现学生在知识自主学习阶段存在的问题，教师采用讲解、组织讨论或教学情境设计、案例分析等方式，对上次课和此次课随课程测试反映出来的问题及学生提出的问题进行释疑解惑，进一步促进学生理解重难点内容和厘清知识点之间的关系。

课后：学生课后做习题、观看习题讲解视频。教师要进行课后习题或测试题目的设计，收集掌握学生学习效果，并及时反馈或课中反馈。

④ 翻转课堂教学模式的特征

为分析翻转课堂教学模式的特征，先思考一下混合式教学模式与翻转课堂教学模式的区别。混合式教学模式强调线上教学与传统教学的融合，发挥两者的优势，无谁先谁后的内在要求；翻转课堂教学模式则强调在课堂面授前，先在线上完成一部分视频学习，腾出更多时间给面授课堂里促进知识内化的师生互动学习活动。混合式教学既是模式也是理念，也可指导翻转课堂的教学设计，翻转课堂模式是混合式教学的一个具体实施方式。因此，与传统教学模式相比，翻转课堂教学模式在打破教学时空界限、突破课本局限、突出学生中心、突出能力培养、突出学生发展和强调过程评价等方面具有明显的特征，只是在内涵方面与混合式教学略有区别。

一是打破教学时空界限。这是与传统教学的本质区别，与混合式教学也有所不同。学生可以根据自己的实际情况选择学习的时间、地点，不再拘泥于传统的知识获取途径。翻转课堂教学模式强调线上学习在先，而混合式教学则调线上教学的比例，如果线上学习时长太少或太多，则不能称为混合式教学。**二是突破课本的局限**。在教学内容上，翻转课堂更突出以微视频或短小精悍的视频建设教学资源，不仅要突破课本的局限，而且为保障学生自主学习的效果，帮助学生更好地理解和掌握知识，每个时长约10分钟的视频都针对一个特定的问题进行讲解，这样的视频能够吸引学生的注意力，学生不易疲劳。翻转课堂教学模式，在课堂上，教师讲解或学生讨论、探究、交流的内容均来自学生在课前学习中提出或教师发现的问题，有利于知识的内化吸收。**三是突出学生中心**。翻转课堂表面上是教学顺序的翻转，实质是教学中心的翻转，也是教学角色的翻转。教师是教学活动的导师，教师在学生知识学习和内化过程中，适时、适需、主动地给予学生充分、深入的指导和帮助。“学生中心”不仅仅局限于传统的课堂教学环节，而是向课外延伸，包括课前教师准备教学资源和学生课前的视频学习。**四是突出能力培养**。翻转课堂教学过程围绕知识学习和内化进行，重构了传统的知识传授过程。翻转课堂更突出强调在学生自主学习过程中，在知识学习、探究思考、讨论交流过程中，完成知识的系统化建构并加以吸收内化，突出培养学生自主学习能力和终身学习能力。**五是更易促进个性化发展**。翻转课堂的针对性教学问题设计和制作 / 教学视频，可以给予他们更多的自主选择的机会，同时，给予学生针对性的指导和帮助，能够满足学生个性化发展需求。**六是突出过程评价**。翻转课堂教学模式中，学生学习微视频之后，教师可以设计一些问题，引导学生思考和对理解不透的内容进行复习。可以及时进行检测，了解和判断学习掌握情况。除了评价学生对知识的学习情况之外，评价内容还可延展至学生在知识学习和内化过程中的学习态度、沟通交流等能力。

⑤ 翻转课堂教学面临的问题

翻转课堂教学面临的问题与混合式教学面临的问题基本相同。翻转课堂课前的学习不是传统意义上的对教师课堂上要讲内容的简单预习，需要教师在锚定教学目标、提高教学效益的前提下，深度重构教材内容为线上教学资源。翻转课堂不能简单地一“翻”了之，也不能想当然地认为简单地一“翻”，即可实现“转”变传统的教师中心、课堂中心和教材中心。

要实现翻转课堂的本质要义，必须直面并解决好这样一些问题。**一是教师要内化教学理念**。翻转课堂翻转的是传统教学中的教师中心、教材中心和课堂中心。翻转课堂教学模式突出以学生中心，以学生的全面发展为教学理念。教师必须将“学生中心”理念内化于心，始终坚持促进学生发展初心不变，把促进学生的发展作为自己的职业追求；外化于行，不辞辛苦开展翻转课堂教学实践。**二是教师要转变观念迎接挑战**。在翻转课堂教学模式中，学生成为学习过程的中心。传统教学根深蒂固，翻转课堂教学模式必然受到现存的一些管理制度、机制的影响，特别是会受到教学评价等因素影响。教师要主动转变传统教学观念，以“学生全面发展”为理念，迎接翻转课堂教学模式的各种挑战。**三是教师要不断提升教学能力**。制作或准备高质量的教学视频和构建有效的个性化与协作化的学习交流环境（平台）是实施翻转课堂教学的关键要素，是翻转课堂对教师教学基本能力的要求。随着信息技术的不断发展，教师原有的知识结构已经难以很好地满足自身职业发展的需要，这就要求教师不断提升自己的教学能力，以适应翻转课堂教学模式的需要。**四是学校要完善教学激励机制**。翻转课堂需要教师投入大量时间和精力。学校应该制订机制，优化教学工作量计算办法和教学绩效指标，激励和引导广大教师积极开展翻转课堂教学改革实践与创新。**五是改革学业评价机制**。要建立适应翻转课堂教学模式的学业评价机制，综合掌握学生过程表现、知识学习、能力培养的情况。引导教师更加注重促进学生发展的教学效果，也引导学生更加注重学习过程。

在中国知网，以“翻转课堂模式”为篇名关键词，可检索到3625篇相关文献，以“翻转课堂教学模式”篇名关键词，可检索到9230篇相关文献，最早文献发表于2012年。可见，翻转课堂教学模式在我国已经引起了广泛的研究与实践。总体来看，目前翻转课堂教学模式仍处于探索阶段，至少在教学理念内化、教学观念转变、教师教学能力提升、学校教学激励机制完善以及学生学业评价机制改革等多方面问题需要深入探索和完善。

（6）对分课堂教学模式[24–30]

① 对分课堂教学模式的提出

中国高等教育从精英教育向大众教育转型以来，教育质量降低问题一直备受关注。信息化的发展给以传授知识为主的传统课堂带来了严峻考验。课堂是教学活动的主要场所，课堂质量是教学质量高低的一个决定性因素。主动面对信息化给课堂教学带来的挑战，变革传统课堂已经成为必然。国外学者提出的混合式教学、翻转课堂教学等模式，引导学生广泛参与的讨论式教学方法均是其改革的一个重要手段。讨论式教学在培养思考思维能力和实践探索精神方面具有明显的优势。

复旦大学张学新教授结合传统课堂与讨论式课堂各自的优势，进行取舍折中，创新地提出对分课堂（PAD）教学模式，并于2014年首次在国内学术期刊上以“对分课堂：大学课堂教学改革的新探索”为题，从对分课堂的提出、对分课堂实践、对分课堂的合理性分析等方面详细介绍了对分课堂，并得出“学生有基础和有备参加讨论，促进学生以自己的节奏进行知识内化”“不同考核方法，保障学生个性化发展要求”“回归学生中心，对教师的引导作用提出了更高要求”等结论。

② 对分课堂的内涵

张学新教授提出的对分课堂不单是“把一半课堂时间分配给教师

进行讲授，另一半分配给学生以讨论的形式进行交互式学习”，还有三个方面深层次内涵。一是“对分”是对知识学习过程的对分。知识的学习和内化是对分的目的。教师先教，为学生自主学习和作业提供基础，也让学生为讨论互动环节，也就是为知识内化做更充分的准备。二是时空上的“对分”。学习过程不再像传统课堂在一个时空下完成。对分课堂可以是当堂对分、隔堂对分以及隔周对分，让学生有更多时间自主安排学习，进行个性化的内化吸收，完成作业。三是教学目标上协同“对分”。对分课堂更注重培养思维能力和探索精神。对分是为了更好地实现教学目标，让对分前后的教学环节产生协同效应，提升教学质量。

③ 对分课堂理念

对分课堂的核心理念就是把一半的课堂时间分配给教师讲授，另一半分配给学生以课堂讨论的形式进行交互式学习。在具体操作上，把讲授和讨论时间错开，课后给学生一定的时间安排自主学习，以便对课程内容进行个性化的内化吸收。从表面上看，对分课堂是时间上的对分。实质上,“对分课堂”从理念上将“教师中心”和“学生中心”相整合，以便更好地发挥以讲授为基础的“教师中心”和以讨论为基础的“学生中心”的各自优势。“对分”既强调了教与学作为教学活动的两个方面具有同等的重要性，应该做到教学相长，同时，又强调了知识讲授和内化在时间上要错开进行，讲授在先，讨论在后，让教与学互为条件，相互促进。

④ 对分课堂教学结构

从一个知识单元（课程单元）讲授与讨论的角度，无论是隔堂对分、当堂对分还是隔堂＋当堂对分，对分课堂的操作模型均由三个分离的阶段和六个相互关联的环节组成。三个阶段包括教师课堂讲授（Presentation）、学生自学和内化吸收（Assimilation）、课堂讨论

(Discussion)；六个环节包括课堂讲授、自主学习、独立思考、完成作业、小组讨论和汇报交流等，详见图3-2。在完成作业环节，对分课堂引入了一个明确的“亮考帮”作业框架，也是讨论环节的提纲。其中，“亮”即亮闪闪，是学生在教师讲授环节及课后自主学习后自己的最大收获或最深感受，学生需用一两句话概括，并在课堂讨论中表达出来；“考”即考考你，是学生把自己通过第一、二、三环节的学习与思考后弄明白的知识点，形成个性化问题，在小组讨论时提出来，考考其他组员；“帮”即帮帮我，这里学生需要把自己通过第一、二、三环节的学习后，仍然没有弄明白的知识点以问题的形式提出来，在小组讨论时求助其他同学或教师。

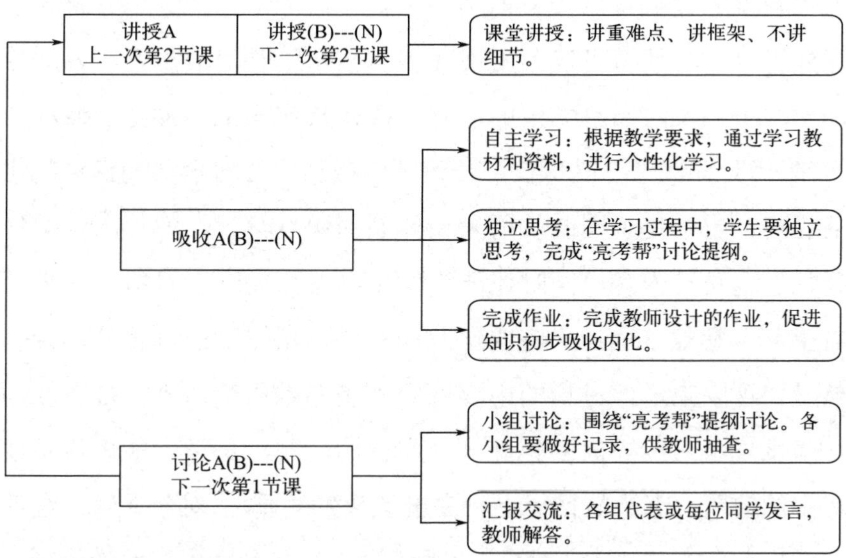

图3-2　三阶段六环节对分课堂教学结构框架

⑤ 对分课堂教学模式的特征

与传统教学模式相比，对分课堂教学模式特征鲜明。**一是从本质**

上，**强调“教”与“学”同等重要**。“对分课堂”一半时间用于教，一半时间用于学，强调知识讲授和内化在时间上要错开进行。既尊重知识学习的规律，又强调“教”与“学”作为教学活动的两个方面具有同等的重要性。“教”与“学”，互为条件，互为基础，相互促进，教学相长。**二是从角色地位上，强调教师与学生双中心**。“对分课堂”既强调传统教师中心的“教”，也强调现代学生中心的“学”，强调更好地发挥以讲授为基础的“教师中心”和以讨论为基础的“学生中心”的各自优势。教师是知识讲授环节教学活动的中心，是教学活动的主导者、组织者和管理者，而学生是知识自主学习、完成作业、参与讨论和汇报交流环节的中心，学生是主动参与者、主动思考者。**三是从概念上，拓展了“教”与“学”的时空界限**。“对分课堂”既保留了传统课堂教学的优势特点，又拓展了“教”与“学”的时空界限。学生在课外自主学习环节可以利用现代信息技术随时随地学习，教师也可借助学习平台及时回答学生的问题。**四是从内容上，强化了课本内容的学习**。“对分课堂”既保留了传统课堂教材中心对学科知识系统化学习的优势，也强化了围绕教材知识体系的深度学习。教师围绕教材讲授提纲、重难点内容，同时还要为学生准备拓展学习资料。学生课外的自主学习是独立思考、完成作业和完成讨论提纲的过程。讨论环节虽然是在课堂上，但讨论的内容已经不是书本原有内容，是在教师讲授、学生思考后所提出的稍高一个层次的问题，是学生知识体系建构过程中的问题。**五是从目标上，突出了学生发展**。“对分课堂”强调教师与学生角色上的双中心地位。“教师中心”是利用传统教学优势，讲授好提纲、重难点内容，为以“学生中心”的讨论环节的学习奠定较好基础。“对分课堂”不仅注重知识的讲授传授，更注重知识的内化吸收和重塑建构。同时，自主学习、独立思考、完成作业、小组讨论和汇报交流等环节着力培养学生思考思维能力和科学探索精神，还可提高学生协作沟通能力和语言表达能力。**六是从教学评价上，强调过程评价**。“对分课堂”的评价应该关注学生在完成“亮考帮”作业和“隔堂（节）讨论”中的表现，因为这两个环节中的学生表现，直接反映了学生在教师讲授、自主学习、独立思考方面的教学效果。因此，对分课堂相对于传统课堂等更注重对学生学习过程的考评，需通过学习表现、参与程度、完成作业情况等对学生的平时成绩和能力水平进行客观的评估。

⑥ 对分课堂教学面临的问题

要有效实施对分课堂教学模式，至少需要解决以下三个问题。**一是教师要深刻理解教学理念**。对分课堂以“把一半的课堂时间分配给教师讲授，另一半分配给学生以课堂讨论的形式进行交互式学习”作为核心理念。其实质是把传统教学的“教师中心”和现代以讨论为基础的“学生中心”教学优势相整合，形成“双中心”理念。深刻理解对分课堂的理念是有效实践对分课堂教学的基础。**二是教师要主动迎接对分课堂带来的全面挑战**。讲授环节要求教师非常熟悉教材内容并能够从引导学习的角度处理和讲解重难点内容。吸收环节要求教师投入足够的时间和精力查找搜集资料，设计有针对性的作业。讨论环节的关键是课堂的有效组织和管理，对分课堂中讨论内容、讨论形式、讨论进度、课堂氛围和课堂纪律等均是影响课堂效果的关键因素。教师要协调好这些因素，需要教师投入大量时间和精力进行讨论环节的教学设计。**三是深入改革学业评价机制**。对分课堂有一半时间用于学生的学，这样做的目的，不是让学生用这一半时间去学习背诵知识，因此应该建立与对分课堂教学环节相适应的过程性评价成绩占比较高的课程总成绩评价机制，以保障学生参与程度和有效进行教学管理。

在中国知网，以“对分课堂”为篇名关键词，可以检索到2900多篇相关文献，最早文献发表于2014年。可见，翻转课堂教学模式作为有中国特色的自主创新的教学模式，在我国已经引起了广泛的研究与实践。总体来看，目前对分课堂教学模式仍处于探索阶段，至少在教学理念内化、教学观念转变、教师迎接挑战以及学生学业评价机制改革等许多问题上仍需要深入研究和实践探索。

3.2　目标问题导向教学模式

3.2.1　目标问题设计原则

无论是基于问题学习（PBL）教学模式、目标导向教学模式（BOPPPS）、5E 教学模式、混合式教学模式，还是翻转课堂模式（FCM）和对分课堂教学模式，均强调在教学设计和教学组织中要体现学生中心和突出过程评价，教学设计其实是这些模式能否成功的关键环节。

目标问题导向教学模式更强调教学设计，目标问题设计是目标问题导向教学模式教学设计的重要内容和重要基础。设计高质量的目标问题，要贯穿八个目标问题设计原则。**一是目标原则：**一切教学活动特别是教学问题均应体现教学目标，目标既是出发点，也是落脚点。教学目标既要体现国家、学校、专业对人才培养目标的要求，更要细化知识、能力和素质三方面要求作为课程教学目标，用细化的课程目标引导目标问题的设计。**二是问题原则：**提出问题比解决问题重要。要教会学生善于提问题，教师首先要善于设计目标问题。高质量的目标问题不仅会促进学生思考，更能激发学生学习兴趣，促进学生自主学习。问题原则还体现在将学生置于问题之中，将课堂置于问题之中，将学生思维聚焦于问题之中。**三是综合原则：**问题设计应体现综合素质要求，注重自主学习、思考、应用知识能力的培养，包括课程思政、价值认同等要求。目标问题在内涵上要体现基础内容与要求、重点内容、难点内容、应用实践以及前沿拓展方面的内容。目标问题设计时，尽量注重文理工交融、突出应用实践创新、强化思政自然渗透。**四是突出思维原则：**问题设计要突出思维能力培养，突出通过思考思维训练强化知识之间的联系。问题的表达方式要尽量用开放性思维表达形式，而不要用内涵相对固化的表达。多采用“用思维导图分析什么是------？”形式，而少使用“什么是------？”形式。**五是知识循环递进原则：**学好基本知识很重要，特别是对基本概念、基本原理、基本方法的学习，是建立良好学科素养的基础条件，也是建立学科科学思维的基础条件。将核心知识点的学习目标问题化，通过不同形式目标问题的设计，使知识点在不同目标问题中不断循环递进出现，也可在不同单元的目标问题特别是基本问题中重复出现。让学生对课程核心内容做到理解、记住、懂应用、懂创新。**六是个性原则：**对基础知识、重点、难点内容的有效学习，基本上已经达到课程对专业能力的普遍支撑，而实践及拓展内容则更多考虑满足个性化学习要求。**七是系统原则：**目标问题设计要有系统性、阶梯性，包括基本知识、重点、难点、实践及拓展等多层次系统内容。重点、难点、实践及拓展问题多为基本知识升华形态的问题。**八是过程评价原则：**不是强调而是强化学生对基础知识、基本原理、基本理论的学习和应用。在重难点内容、实践内容和拓展内容学习中强化基础知识的应用。要跟踪评价学生在问题学习中的表现，包括自主学习态度、独立思考能力等，将学生的学习表现反馈到目标问题设计环节中去。

3.2.2　五类目标问题内涵及学习要求

根据目标问题设计的原则要求分析，目标问题内涵应体现基本知识、重点内容、难点内容、实践及拓展方面的要求。因此在目标问题导向模式教学实践中，针对课程的特点，可以采用设计基本问题、重点问题、难点问题、实践问题和拓展问题五类目标问题形式，也可采用基本、重点、拓展三类问题形式或其他目标问题组合形式。

本书作者在《石油炼制工程》国家级一流课程教学实践中，使用基本问题、重点问题、难点问题、实践问题和拓展问题五类目标问题形式。针对《石油炼制工程》课程知识体系复杂、工艺抽象难懂、生产实践性强等课程内容特点，将基本概念和原理、关联交叉学科的基础知识列为基本问题；概念、原理、工艺串联成知识链以及基本概念升华态（如，什么是黏度是基本概念，其升华态的重点问题是用思维导图分析什么是黏度）的问题列为重点问题；基本原理与其他学科知识交叉应用以及复杂的知识应用场景及复杂的工程过程列为难点问题；结合工程案例和生产实践提炼实践问题；结合生产问题和学科前沿提出拓展问题。在五类目标问题设计及学习过程中，要挖掘关联课程的石油化工产业发展过程中的典型人物、企业文化以及科技创新等素材，自然融入课程思政。

五类目标问题的基本内涵和学习要求分析如下：

（1）基本问题：基本问题主要是知识性问题。所要学习的课程内容中的基本概念、基本原理、基本方法，甚至简单的工艺过程都可以列为基本问题；关联所要学习课程内容的其他学科和前置基础知识也可列为基本问题；目标问题导向模式教学中上一次课中学生理解不透的基本问题还可继续列为基本问题或将重点、难点、实践及拓展等四类问题中理解不透、掌握不好的内容简化分解为基本问题。对于基本问题，同学们应知应会或易学易会。基本问题需教师给出答案并形成WORD 格式、PPT 或解析视频等学习资料，在课前推送给学生，在课上不讲，但上课前要通过线上平台测试学生学习基本问题的情况；基本问题课上不讲，一方面可促进学生自主学习，另一方面有助于挤掉水分、铸造金课。

基本问题作为知识性问题，在课堂上教师不再讲解，是不是目标问题导向教学模式不重视知识学习或认为知识不重要？恰恰相反，目标问题导向教学模式认为知识很重要，如果没有一定的知识储备，就无从谈起在各种知识之间建立联系，也无法进行科学思维能力的训练和培养。目标问题导向教学模式将基本概念、基本原理和基本方法等内容以及与课程内容关联的前置课程或相关学科知识列为基本问题，给出答案让学生课前学习并测试学习情况，不仅培养学生自主学习能力，而且为教师讲解重难点问题腾出更多时间和为学习重点、难点、实践和拓展问题和思维能力培养打好知识方面的基础。同时，在重点、难点、实践和拓展问题的设计中，不断循环重复设计基本知识升华态的问题和用思维承载知识、建立知识联系的问题。所以教师一定要重视，并引导学生重视基本问题学习，不但要用心设计好基本问题，还要建立PPT和视频解析等学习资料。目标问题导向教学模式通过五类问题设计，重点解决在传统教学之后学生中仍然存在的“对知识一知半解，对知识间的联系一知半解，对知识应用一知半解”的状况。综上所述，目标问题导向教学模式非常重视从思维训练和实践应用及创新的角度加强知识的学习。

（2）重点问题：课程学科体系中重要概念、科学原理、方法以及工程中的工艺原理及设备等无疑是课程的重点内容，应该设为重点问题；教材中成段文字、图表背后的隐性知识问题需列为重点问题。不过重点问题的表达形式，尽量不要用“什么是-----”形式，而要采用“用思维导图分析什么是-----”或“用思维导图分析-----概念的内涵”或“用维导图分析-----工艺原理或工艺过程或过程特征”。重点问题是学生必须学习掌握好的课程内容，也是教师主要讲解的内容。重点问题设计好后，课前推送给学生，不附答案，可附简单的思考提纲，要求同学们课前思考预习。

（3）难点问题：课程学科体系中更为复杂的重要概念、科学原理、方法以及工程中的工艺原理及设备等可设为难点问题；复杂的工程实践可以列为难点问题；关联更多知识点或多学科原理问题可以列为难点问题。难点问题的表达形式，也尽量不要用“什么是------”形式，而要采用“用思维导图分析------的复杂关系”或“用思维导图分析------影响因素”或“用思维导图分析------发展历程”。难点问题也是学生必须学习掌握好的课程内容，是教师讲解和组织学生讨论的内容。难点问题设计好后，课前推送给学生，不附答案，可附详细一点的思考提纲，要求同学们课前思考预习，对于安排讨论的难点问题，同学们要写出更为详细的讨论提纲。

（4）实践问题：关联课程知识内容的学科科研实践、教学实验及生产实践等均列为实践问题。实践问题是教师组织讨论和学生课后要继续学习的问题。实践问题设计以后，也在课前推送给学生，对安排讨论的问题，学生在预习后，要写讨论提纲，学生要带着讨论提纲参加讨论，教师在线上学习平台或讨论前检查学生的讨论提纲。对课后要完成学习的实践问题，教师在下一次课或线上平台，检查学生完成情况。

（5）拓展问题：列为拓展问题的主要有两种情况，一是前沿进展情况，二是课程的本节、本章内容间的关系或不同节、不同章或其与不同学科之间知识的相互联系，此时拓展问题通常设计为“用思维导图分析------之间联系或关系”。拓展问题设计以后，也在课前推送给学生，对安排讨论的问题，学生在预习后，要写讨论提纲，学生要带着讨论提纲参加讨论，教师在线上学习平台或讨论前检查学生的讨论提纲。对课后要完成学习的拓展问题，教师在下一次课或线上平台，检查学生完成情况。

3.2.3 目标问题的教学方法

目标问题导向教学模式的教学实践中均以问题的解决为教学要求，所以目标问题导向教学整个过程均贯穿探究式教学法的教学要求。设计好五类目标问题后，在教学过程中，结合所设计的问题所反映的教学内容及问题类型，为保证较好的教学效果，可采取灵活多样的教学方法。

基本问题：主要采用自学辅导法。教师提前将设计好的五类目标问题推送给学生。推送的问题中基本问题给出答案，其他四类目标问题要注明组织讨论或学生课后作业等学习要求。学生线上或线下自主学习教师准备的关于基本问题答案的 WORD、PPT 或视频解析形式的学习资料，预习思考其他四类目标问题，教师通过学习平台答疑辅导。上课前，教师通过学习平台或线下检测学生学习基本问题以及学生准备讨论提纲的情况，作为过程评价的内容。

重点问题及难点问题：分为教师讲解和组织讨论两部分。教师讲解多运用思维导图形式，采用启发式教学法，将一个重点问题或难点问题，层层剖析，循序渐进，解析透彻。培养学生多维度分析同一个问题能力，训练学生的高阶思维能力。组织讨论的重点问题或难点问题采用讨论式教学法，小组讨论、班上交流汇报、教师点评。培养学生团队协作、语言表达能力。

实践问题：多采用案例教学法。寻找、挖掘与所讲知识体系关联的生产生活、经济社会中发生过的典型案例。通过教师讲解或组织引导学生对案例进行调查、阅读、思考、分析、讨论和交流等，提高学生分析问题和解决问题能力。对于工程实践问题，也可请产业界的工程师，采用教师 - 工程师或学生 - 工程师对话教学方式进行教学。

拓展问题：关于课程的本节、本章内容间的关系或不同节、不同章或其与不同学科之间知识的相互联系的拓展问题，多采用思维导图形式，要求学生在教师辅导下自行完成。其他的拓展问题要视具体问题的内容，可以采用项目教学法或案例教学法。项目教学法，要求学生查阅资料，以作业形式完成拓展问题的学习，教师对完成情况进行点评。

3.2.4　目标问题导向教学模式的教学活动结构框架

目标问题导向教学模式的教学活动结构框架如图 3-3 所示。聚焦课程教学目标和五类目标问题，明确界定教师、学生、教材三要素之间的关系以及各自发挥的功能作用。

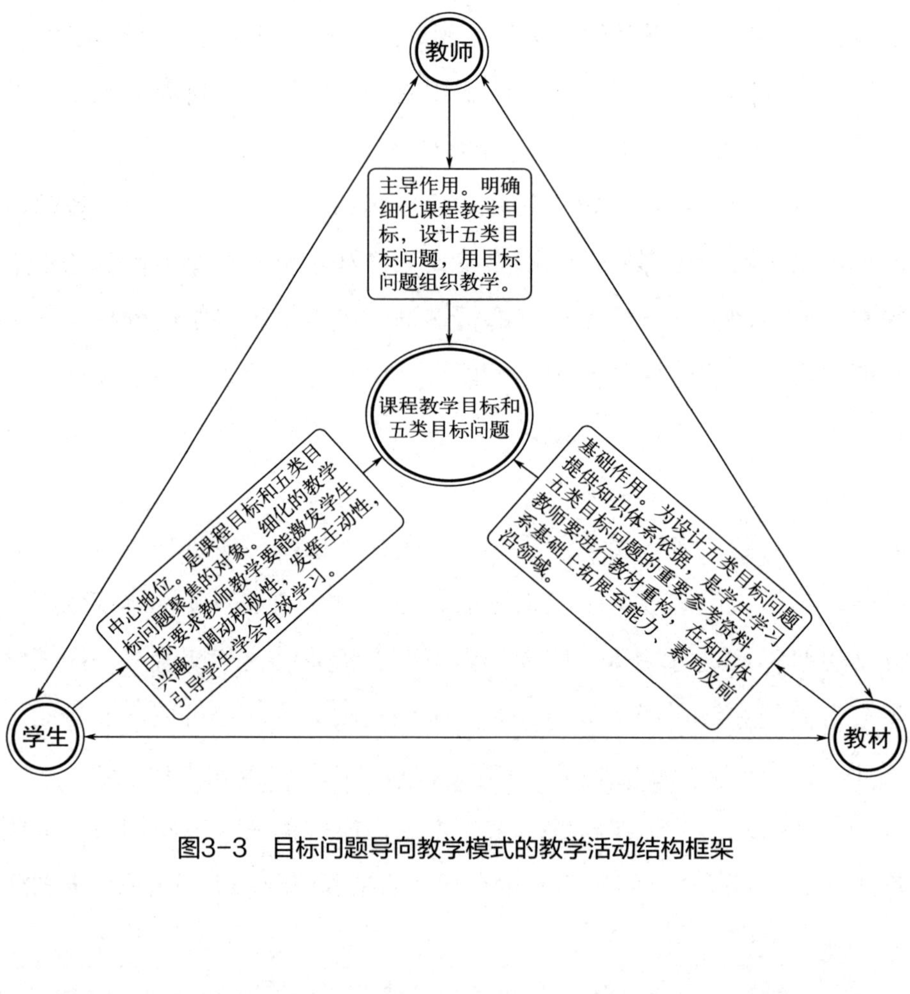

图3-3　目标问题导向教学模式的教学活动结构框架

教师：主导作用。明确细化课程教学目标，设计五类目标问题，用目标问题组织教学。

学生：中心地位。学生是课程目标和五类目标问题聚焦的对象和中心。细化的教学目标要求教师的教学能够激发学生兴趣、调动积极性，发挥主动性，引导学生学会有效学习。

教材：基础作用。为设计五类目标问题提供知识体系依据，是学生学习五类目标问题的重要参考资料。教师要进行教材内容重构，在知识体系基础上拓展至能力、素质及前沿领域。

3.2.5　目标问题导向教学模式的教学活动流程

目标问题导向教学模式课程教学组织主要包括目标问题设计、课前推送目标问题、课中教师讲解部分目标问题、课中教师组织讨论部分问题、课中学生汇报交流及教师点评、课后作业、教学评价与反馈等环节。教学组织流程如图 3-4 所示。

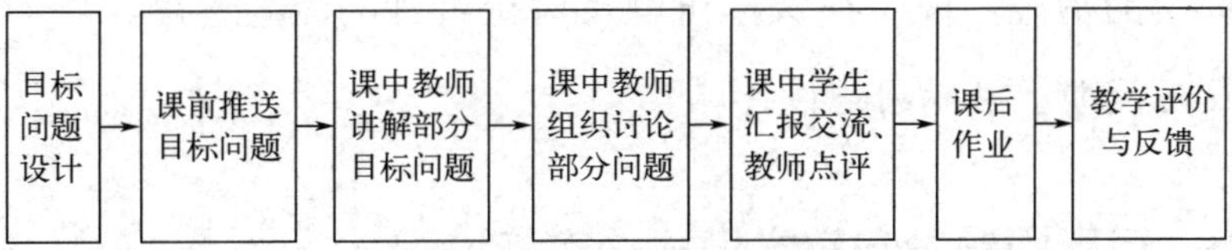

图3-4　目标问题导向教学组织流程

目标问题设计：聚焦国家、学校、专业三大育人目标要求，结合课程性质与特点，详细分析课程教学在知识、能力、素养方面的目标。教师要结合课程的知识内容及目标能力和素质要求，精心设计五类教学目标问题，将课程的知识体系转化为隐含目标能力和素质的目标问题体系。基本问题要准备 WORD、PPT 或视频解析形式的答案资料。

课前推送目标问题：至少提前 3 天将五类目标问题推送给学生。上课前，要求并检测学生学习基本问题情况以及准备讨论提纲情况。

课中教师讲解部分目标问题：教师在课中主要讲解重点问题、难点问题，并要跟踪评价同学们的学习表现。

课中教师组织讨论部分问题：采用相对固定的分组方式，组织讨论难点问题、实践问题和拓展问题或其中部分问题。讨论时，要求每组采用固定的记录本详细记录同学们发言情况。

课中学生汇报交流及教师点评：在一门课程的多次讨论学习过程中，每组每次要轮流安排一位同学作为主汇报人（一门课程中，每位同学至少要主汇报 1 次），本组其他同学可以补充。教师要对汇报情况进行点评，也可以安排组间互评、同学互评。

课后作业：继续完成剩余问题的学习，并要求同学书面回答部分问题。

教学评价与反馈：教师要准确跟踪掌握学生学习基本问题和准备讨论提纲的情况，以及在课程讲解及讨论过程的参与程度、学习效果等，及时反馈于目标问题设计。

3.2.6 目标问题导向教学模式的实施过程

简单地说，目标问题导向教学模式就是先设计目标问题并用目标问题来组织教学。目标问题导向教学模式的教学活动结构框架主要由目标问题设计、用目标问题组织教学、目标问题的教学方法以及目标问题学习效果评价等方面构成。目标问题导向教学模式的教学活动程序包括课前目标问题推送与学习、课中部分重点难点等目标问题讲解、课中部分重点难点等目标问题的讨论与汇报交流、课后完成部分目标问题作业。其中，目标问题设计、目标问题导向教学组织、目标问题教学方法等均是构成目标问题导向教学模式的关键内涵。目标问题导向教学模式的实施过程如图 3-5 所示。

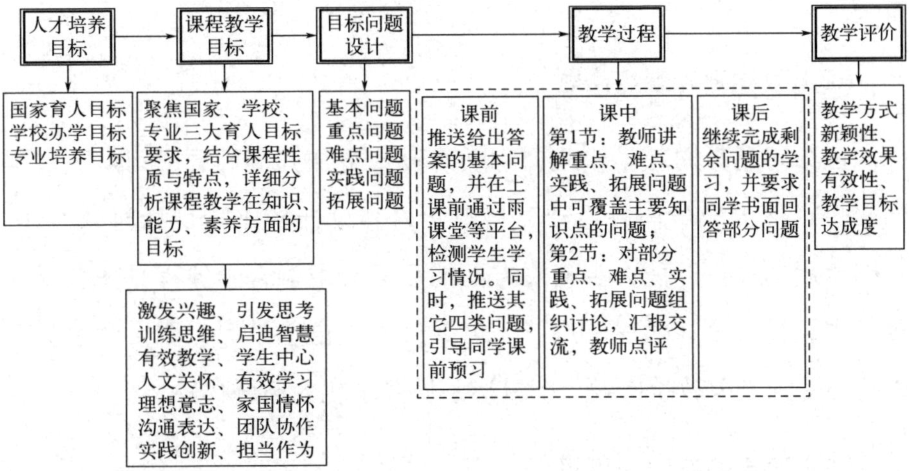

图3-5　目标问题导向教学模式的实施过程

3.2.7　目标问题导向教学模式的内涵特征

与现有的基于问题学习（PBL）教学模式、目标导向教学模式（BOPPPS）、5E 教学模式、混合式教学模式、翻转课堂教学模式（FCM）和对分课堂教学模式相比，目标问题导向教学模式具有如下六方面内涵特征。

（1）教学目标更加细化

目标问题导向教学模式课程教学目标更加细化、更加明确，要求教师聚焦国家、学校、专业三大育人目标要求，结合课程性质与特点，详细分析课程教学在知识、能力、素养方面的目标。要求教师能够有效教学、激发学生兴趣、以学生为中心以及要有人文关怀；对学生能够更注重能力和素质方面的要求，要能够培养学生有效学习，提高学生思考思维能力、实践创新能力、沟通表达和团队协作能力，要能够激发学生理想意志、家国情怀和担当作为的理想追求。

（2）教学设计聚焦问题

目标问题导向教学模式课程教学设计更加强调问题学习，更加强调聚焦目标的教学问题设计。将教学内容设计转化为目标问题设计。将细化后的知识、能力和素质方面的目标要求融合于课程具体教学内容之中，精心设计循序渐进式、可促进学生自主学习、激发学生学习兴趣的多种类型教学问题，把目标素质要求化为问题体系。

（3）要素关系清晰可见

目标问题导向教学模式的教学理念、模式结构、组织过程、教学方法等要素之间的关系清晰可见，各要素均聚焦课程教学目标，各自发挥其功能。目标问题导向教学理念能够有效发挥指导引导功能，构建定向于课程目标的教学模式。目标问题导向教学模式能够发挥规范功能，对目标内涵、实践程序、教学评价进行规范，使教学模式结构清晰稳定。教学组织过程能够发挥其协调和整合功能，使课堂教学活动能够按目标问题的学习有序推进。目标问题的教学方法能够发挥保障教学效果的作用，按照目标问题的内容和类型以及目标问题的学习要求，可以采用灵活的教学方法，确保收到较好的教学效果。

（4）教学结构完整有序

按照课程教学目标要求，设计课程教学的目标问题，用目标问题组织教学。教与学围绕目标问题的设计、自主学习、教师讲授、讨论交流等环节顺序展开，教学方法的选择和教学媒介的应用也随目标问题而定，形成了稳定有序的教学结构。既重新构建了教学内容，提供了稳定的教学内容结构；又重新构建了课程教学组织形式，提供了稳定的教学组织过程；教师的教与学生的学均围绕解决目标问题进行，形成了稳定有效的教学关系。

（5）教学方法灵活多样

目标问题的设计从本质上破除了传统教学中教师采用满堂灌输的教学形式，而根据目标问题的类型和内容要求，采用灵活多样的教学方法。针对不同目标问题，可以采用不同的教学方法，针对同一目标问题，也可采用不同的教学方法。探究式、案例式、项目式、讨论式、问题式学习、线上线下混合式等教学方法，均可在一次课上或不同的课上使用。

（6）教学实践易于操作

目标问题导向教学模式对教师要求较高。教师只有在详细分析课程教学目标的基础上，吃透课程内容，才可以设计较高质量的目标问题。设计目标问题时，教师要将其进行分类，哪些是需给出答案课前推送的基本问题，哪些是教师讲解的重难点问题或实践、拓展问题，哪些是要组织讨论或进行项目式学习的问题。目标问题设计好以后，按课前问题设计和推送、课中教师讲解、课中组织讨论和交流汇报以及课后学生完成作业等环节组织教学。而且，再无照本宣科之嫌疑，且在下一年度不作修改或适当修改补充实践问题和拓展问题及课件等教学资料则可保持其足够“新鲜度”，同样受学生欢迎。

参考文献

[1] Bruce Joyce, Marsha Well, Emily Calhoun, 著. 荆建华, 宋富钢, 花清亮, 译. 教学模式(第七版) [M]. 北京: 中国轻工出版社, 2009.

[2] 谭诚伟. 对教学模式的认识和我们的实践[J]. 课程·教材·教法, 1994, (2): 20-25.

[3] 李如密. 关于教学模式若干理论问题的探讨[J]. 1996, (4): 26-31.

[4] 郝志军, 徐继存. 教学模式研究20年: 历程、问题与方向[J]. 教育理论与实践, 2003, 23(12): 51-55.

[5] 陈效飞, 何星, 任春华. 我国教学模式研究的历史回顾与时代走向[J]. 安庆师范大学学报(社会科学版), 2022, 41(5): 96-101.

[6] 吴刚. 基于问题式学习模式(PBL)的述评[J]. 陕西教育·高教, 2012, (4): 3-7.

[7] 连莲. 国外问题式学习教学模式述评[J]. 福建师范大学学报(哲学社会科学版), 2013, (4): 126-133.

[8] 曹丹平, 印兴耀. 加拿大 BOPPPS 教学模式及其对高等教育改革的启示[J]. 实验室研究与探索, 2016, 35(2): 196-200.

[9] 王宏坡, 田江艳. BOPPPS教学模型对大学新教师课堂教学的启示[J]. 教育教学论坛, 2018, (5): 210-211.

[10] 吴成军, 张敏. 美国生物学"5E"教学模式的内涵、实例及其本质特征[J]. 课程·教材·教法, 2010, 30(6): 108-112.

[11] 王健, 李秀菊. 5E教学模式的内涵及其对我国理科教育的启示[J]. 生物学通报, 2012, 47(3): 39-42.

[12] 张航, 黄燕燕. 基于5E教学模式的课堂教学改革探究[J]. 闽南师范大学学报(哲学社会科学版), 2017, (3): 116-123.

[13] 王文静. 中国教学模式改革的实践探索——"学为导向"综合型课堂教学模式[J]. 北京师范大学学报(社会科学版), 2012(1): 18-24.

[14] 何克抗. 从 Blending Learning 看教育技术理论的新发展(上)[J]. 电化教育研究, 2004(3): 1-6.

[15] 容敏华, 柳亮. 高校混合式教学模式实施现状及应用探讨[J]. 高教论坛,

2020(19): 29-31.

[16] 李逢庆.混合式教学的理论基础与教学设计[J].现代教育技术，2016(9): 18-24.

[17] 李克东，赵建华. 混合学习的原理与应用模式[J].电化教育研究，2004(7): 1-6.

[18] 王金旭，朱正伟，李茂国.混合式教学模式：内涵、意义与实施要求[J]. 高等建筑教育，2018，27(4): 7-12.

[19] 张金磊，王颖，张宝辉.翻转课堂教学模式研究[J].远程教育杂志，2012，30(4): 46-51.

[20] 张莉.中美翻转课堂比较及其启示[J].黑龙江高教研究，2016，(7): 67-70.

[21] 王鉴.论翻转课堂的本质[J].高等教育研究，2016，37(8): 53-60.

[22] 赵俊芳.我国高校翻转课堂的实践问题及对策研究[J].现代大学教育，2018，(6): 89-93.

[23] 齐军.美国"翻转课堂"的兴起、发展、模块设计及对我国的启示[J].比较教育研究，2015，(1): 21-27.

[24] 张学新.对分课堂：大学课堂教学改革的新探索[J].复旦教育论坛，2014，12(5): 5-10.

[25] 刘绍乾，钱频，王曼娟，等.对分课堂教学模式及其成功因素探析[J].教育教学论坛，2019，(13): 46-48.

[26] 王芳，王瑞金，冯莉媚，等.高校对分课堂(PAD)教学模式实践[J].教育教学论坛，2017，(11): 148-149.

[27] 程英姿.试论"对分课堂"教学改革中的观念颠覆[J].教育教学论坛，2020，(15): 149-151.

[28] 张兴."对分课堂"教学模式的创新点研究[J].课程教育研究，2020，(27): 77-78.

[29] 李欣.对分课堂：有中国特色的大学教学新方法[J].高校论坛，2016，(10): 16-17.

[30] 李娜，徐健.对分课堂教学模式下的高校教师：挑战与应对[J].哈尔滨学院学报，2019，40(9): 121-125.

第4章

目标问题导向教学模式实践与特征

4.1　教学实践

4.1.1　目标问题导向教学实践总体情况

自2020年起，本书作者已经在全国、区域教育教学改革学术会议作过多次有关目标问题导向教学模式的交流研讨，作者所在学校许多教师自发实践，在目标问题设计、教学方法以及教学评价等方面进行了丰富和完善。实践证明，目标问题导向式教学模式易为一线教师所理解接受，易于复制推广。表4-1列出了部分实践目标问题导向教学模式的课程。从表中可以看出，实践的课程涉及不同专业、不同学科基础以及不同学科领域。

表4-1　实践目标问题导向教学模式的课程

序号	级别	课程类别	课程名称	课程负责人
1	国家级/省级	线下一流本科课程、课程思政示范课程	石油炼制工程	周如金
2	国家级/省级	线下一流本科课程	化工仪表及自动化	刘美
3	国家级/省级	线上线下混合式一流本科课程、课程思政示范课程	化工原理	孟秀红
4	国家级/省级	线上线下混合式一流本科课程、课程思政示范课程	石油化工工艺学	王丽
5	省级	线上线下混合式一流本科课程	大学英语读写（一）	邓超群
6	省级	线上线下混合式一流本科课程	高分子物理（含课程实验）	黄军左
7	省级	线下一流本科课程	模拟电子技术基础	李继凯
8	省级	课程思政示范课程、一流本科课程	固体废物处理与处置	马寅

续表

序号	级别	课程类别	课程名称	课程负责人
9	省级	课程思政示范课程、一流本科课程	高分子化学（含课程实验）	史博
10	省级	线上线下混合式一流课程	化学反应工程	单书峰
11	省级	线上线下混合式一流课程	大气污染物控制工程	陈梅芹
12	省级	线上线下混合式一流课程	混凝土与砌体机构（一）	金焕
13	省级	线上线下混合式一流课程	商务英语	冯薇
14	省级	线上线下混合式一流课程	第二外语（一）日语	李琳
15	省级	线上线下混合式一流课程	高级财务会计	姚翠红
16	省级	线上线下混合式一流课程	通信原理	谢玉鹏
17	省级	线上线下混合式一流课程	环境影响评价	涂宁宇
18	省级	线上线下混合式一流课程	空气调节	王倩
19	省级	线上线下混合式一流课程	审计学	张芹秀
20	省级	社会实践一流本科课程	大学生创新与创业基础社会实践	方芳
21	省级	线上一流课程	声乐	蒋快安
22	省级	线下一流课程	大学物理	吴登平
23	省级	线下一流课程	化工安全与环保	吴世逵/林存辉
24	省级	线下一流课程	中国现代文学	姚国军
25	省级	线下一流课程	形势与政策	周汉杰
26	省级	线下一流课程	材料力学	于月民
27	省级	线上一流课程	商务口译	郑少惠
28	校级	线下一流课程	土木工程施工（一）	杨云英
29	校级	线下一流课程	胶体与界面化学	王刚
30	校级	线下一流课程	分析化学	赵志凤
31	校级	线上线下混合式一流课程	中西乐器（主修）古筝	李奕兰

4.1.2 《石油炼制工程》教学实践

广东石油化工学院《石油炼制工程》是国家级一流课程（2020 年）。课程面向学校化工类、油气储运类和材料类专业等本科生开设。课程内容主要包括石油组成和性质、石油炼制过程基本概念、石油炼制过程催化剂及应用、石油工艺过程原理及操作、石油炼制装备结构及原理、石油产品质量检测与控制，以及石油炼制过程的环境保护等。课程目标主要是帮助学生全面了解和掌握石油炼制的基本原理、工艺技术和实际操作，培养学生具备解决实际问题特别是复杂工程问题的能力。

（1）《石油炼制工程》整门课程五类目标问题设计基本情况

《石油炼制工程》共讲 13 章，整门课程设计五类目标问题共 1682 个，其中基本问题 996 个、重点问题 230 个、难点问题 152 个、实践问题 133 个、拓展问题 171 个。在五类目标问题中，课程思政问题 108 个、思维导图问题 223 个、教师课堂重点讲解问题 230 个、组织讨论问题 440 个、课后继续学习问题 271 个，详见表 4-2。

（2）《石油炼制工程》课程目标问题设计明细示例

分别以第 1 章绪论、第 3 章石油及油品的物理性质的第 3 节油品的黏度及低温特性、第 10 章催化重整的第 1 节概述和第 3 节催化重整化学反应为例，详细介绍五类目标问题设计情况。

例 1：第 1 章绪论的目标问题设计情况

在绪论中，《石油炼制工程》教材（徐春明，杨朝合主编，第五版）中，分别介绍了石油炼制工业在国民经济中的地位、石油炼制工业的发展情况、“石油炼制工程”课程特点及学习方法，开本为 16 开，占 3 页多篇幅，共 4000 多字。有 2 个关于世界能源需求结构和世界炼油大国炼油能力、储量及产量的表格，没有图。共设计五类目标问题 26 个。

有关说明：带◆号的 18 个基本问题，给出答案，课前推送。带▲号的为教师课中讲解问题。教师讲解问题的数目，也就是课程内容重构后，章、节名称中所谈问题的数目。带■号的为课中组织讨论的问

表4-2 《石油炼制工程》整门课程五类目标问题设计基本情况

章节名称	五类目标问题					课程思政问题	隐性问题	思维导图问题	重点讲解问题	组织讨论问题	课后继续学习问题
	基本问题	重点问题	难点问题	实践问题	拓展问题						
第1章　四个问题谈绪论	18	4	1	2	1	6	1	1	4	4	4
第2章　十九个问题谈石油化学组成	67	20	7	7	16	9	15	16	20	30	15
第3章　二十二个问题谈石油及油品的物理性质	77	22	13	9	15	10	18	16	22	34	21
第4章　十九个问题谈石油产品	103	19	12	14	14	9	9	17	19	41	26
第5章　六个问题谈原油评价及加工方案流程	30	6	5	3	7	4	5	10	6	15	8
第6章　三十一个问题谈石油蒸馏	121	31	18	16	19	9	16	24	31	53	41
第7章　十一个问题谈热加工过程	48	11	9	8	10	4	5	12	11	22	11
第8章　三十个问题谈催化裂化	149	30	18	17	22	16	13	28	30	52	31
第9章　二十九个问题谈催化加氢	121	29	22	18	17	12	21	29	29	55	31
第10章　二十二个问题谈催化重整	95	24	20	（14）	20	13	21	26	24	48	38
第11章　十二个问题谈溶剂分离过程	62	14	12	14	12	6	8	17	14	40	21
第12章　十一个问题谈炼油厂轻烃加工利用	46	11	9	6	10	6	5	15	11	29	20
第13章　九个问题谈石油产品精制与调合	59	9	6	3	8	4	4	12	9	17	12
各类目标问题分别合计	996	230	152	133	171	108	141	223	230	440	271
五类目标问题总计	1682										

题，学生要在课前准备讨论提纲。带★号的为课后需进一步完成的问题。问题的编号：章数 - 对应章的节数 - 对应节的问题数。

学习要求：1）课前学习基本问题答案及有关资料。2）上课前通过线上平台检测学习情况。3）要求浏览并思考重点、难点、实践及拓展等四类目标问题。4）对于课中将安排讨论的难点、实践及拓展问题，在课前要准备讨论提纲，讨论提纲从以下两个方面准备：①自己通过学习思考后，尚不太清楚的问题，向同组同学提出请教的具体问题；②自己认为已经明白了的问题，也向同组同学提出更为深入的具体讨论问题。5）完成课后要进一步深入学习的问题。

第 1 章绪论的五类目标问题设计情况如下：

① 基本问题◆

1-0-1　什么是石油

1-0-2　什么是原油

1-0-3　什么是炼制

1-0-4　工程一词怎么理解

1-0-5　石油可以加工成哪些产品

1-0-6　什么是燃料油

1-0-7　什么是润滑油

1-0-8　由石油生产的有机化工原料——三苯和三烯分别是什么

1-0-9　简述《石油炼制工程》课程特点

1-0-10　什么是溶剂油

1-0-11　什么是蜡

1-0-12　什么是沥青

1-0-13　什么是石油焦

1-0-14　什么是“五朵金花”

1-0-15 什么是石油依存度

1-0-16 什么是分子炼油

1-0-17 毛泽东主席在论十大关系中指出“要在茂名搞人造石油，那也是重工业”，请回答什么是人造石油

1-0-18 什么是思维导图

② 重点问题

1-0-19 ▲如何认识和介绍《石油炼制工程》这门课程

1-0-20 ▲从“洋油”到“国Ⅵ”，概述我国石油工业的发展

1-0-21 ▲用思维导图分析石油炼制技术发展有哪些主要趋势

1-0-22 ▲用“李杜诗篇万口传，至今已觉不新鲜”“问渠那得清如许？为有源头活水来”“不识庐山真面目，只缘身在此山中”“纸上得来终觉浅，绝知此事要躬行”“千磨万击还坚劲，任尔东西南北风”五句古诗谈如何学习《石油炼制工程》课程【提示：五句古诗分别对应科学的学习方法、深邃的思考能力、敏锐的判断思维、深入的实践精神、坚强的奋斗品质等五种品质和传扬、思考、贯通、实践、坚持等五种境界】

③ 难点问题

1-0-23 ■如何从分子水平认识石油及目前分子炼油发展情况

④ 实践问题

1-0-24 ★查阅资料，举例简述三烯、三苯生产工艺原理（选其一）

1-0-25 ■从石油产品广泛应用的角度，分析石油炼制与国民经济的密切关系

⑤ 拓展问题

1-0-26 ■★查阅资料比较我国和其他国家能源消费结构，分析发展石油炼制工业的重要性

例 2：第 3 章第 3 节油品的黏度及低温特性的目标问题设计情况

在“油品的黏度及低温特性”这一节中，教材分别介绍了黏度的单位、黏度的测定方法、黏度与化学组成的关系、黏度与温度的关系、黏度与压力的关系、石油及石油馏分的黏度和黏温性质、油品的混合黏度、气体的黏度等内容。开本为 16 开，占约 7 页篇幅，近 9000 字。有 5 个表格，分别是关于烃类的黏度、烃类分子环数对黏度的影响、环状烃类分子中侧链长度对黏度的影响、各种烃类黏度指数、石油减压馏分的黏度和黏温性质等。有 2 个图，分别为求取油品混合黏度和石油馏分气体黏度图。有 5 个公式，分别为运动黏度与绝对黏度关系、毛细管黏度计法的黏度计算方法、油品黏度与温度的关系、黏度指数计算、黏度与压力关系。设计五类目标问题 28 个，说明同上。

第 3 章第 3 节油品的黏度及低温特性的五类目标问题设计情况如下：

① 基本问题◆

3-4-1　什么是黏度

3-4-2　什么是绝对黏度（指出其单位）

3-4-3　什么是运动黏度（指出其单位）

3-4-4　什么是条件黏度

3-4-5　黏度的测定方法

3-4-6　什么是黏度指数

3-4-7　什么是浊点及其测定方法

3-4-8　什么是结晶点及其测定方法

3-4-9　什么是冰点及其测定方法

3-4-10　什么是凝点及其测定方法

3-4-11　什么是倾点及其测定方法

3-4-12 什么是冷滤点及其测定方法

3-4-13 363目过滤网是什么意思

3-4-14 评价原油、柴油、润滑油、重油等低温流动性能指标有哪些

3-4-15 影响油品低温流动性的因素主要有哪些

② 重点问题

3-4-16 ▲用思维导图分析什么是黏度

3-4-17 ▲用思维导图分析流动特性（黏度）的表示方法及影响因素

3-4-18 ▲用思维导图分析油品在低温下失去流动性的原因

3-4-19 ▲如何理解流动特性的内涵

③ 难点问题

3-4-20 ■★从黏度的概念出发，分析黏度与动力输送的关系。或由伯努利方程中阻力项出发，简单分析黏度对生产实践的影响

3-4-21 ■★从表3-d、表3-e、表3-f，分析烃类化学组成关系

（表3-d、表3-e、表3-f出自徐春明、杨朝合主编《石油炼制工程》第五版P70的表3-8、表3-9和表3-10。见附录1）

④ 实践问题

3-4-22 ■如何测定油品的黏度

3-4-23 ■由伯努利方程中阻力项，简单分析黏度对生产实践的影响

3-4-24 ■★用思维导图分析同一种油品浊点、结晶点、冰点、凝点、倾点、冷滤点等大小

⑤ 拓展问题

3-4-25 ■★从“千里油温 - 大庆精神永不磨灭”思考黏度与温度的关系

3-4-26 ■★黏度仅仅影响阻力吗

3-4-27　■★仅从油品性质角度分析冬天汽车打不着火的原因

3-4-28　■★用思维导图分析本节主要内容及其与其他节内容的关系

【请注意对问题链的整体思考学习：什么是黏度→用思维导图分析什么是黏度→从黏度的概念，分析黏度与动力输送的关系，或由伯努利方程中阻力项，简单分析黏度对生产实践的影响→如何测定油品的黏度→从“千里油温 - 大庆精神永不磨灭”思考黏度与温度的关系】

例 3：第 10 章第 1 节概述的目标问题设计情况

在第 10 章第 1 节概述的目标问题设计，主要参考《石油炼制工艺学》（沈本贤主编）教材的相关内容，原教材分别介绍了催化重整在炼油厂中的地位和作用、催化重整的发展概况等内容。开本 16 开，占约 4 页篇幅，近 5000 字。无图。有 2 个表格，分别是世界主要国家催化重整加工能力、主要国家三种催化重整工艺加工能力和所占比例。设计了五类目标问题 17 个，说明同上。

第 10 章第 1 节概述的五类目标问题设计情况如下：

① 基本问题◆

10-1-1　什么是催化重整

10-1-2　什么是石脑油

10-1-3　什么是 BTX

10-1-4　什么是催化裂化

10-1-5　什么是加氢裂化

10-1-6　简述固定床、移动床、流化床

10-1-7　简述唯物辩证法普遍联系和永恒发展观点

10-1-8　简述重整工艺流程

10-1-9　什么是思维导图

② 重点问题

10-1-10 ▲外行人（文学家、法学家、经济学家、艺术家、古诗词爱好者、小说家）见到“催化重整”一词会想些什么？你本人呢

10-1-11 ▲你作为化学工程与工艺专业学生，请从专业角度，谈谈见到催化重整应该想到什么

10-1-12 ▲用唯物辩证法普遍联系和永恒发展的观点简略谈谈你对催化重整与催化裂化、催化加氢的认识

③ 难点问题

10-1-13 ★结合重点问题的思考，特别是听老师讲解后，简单绘制学习催化重整的初步思维导图

④ 实践问题

10-1-14 ■★综述催化重整技术发展历程

10-1-15 ■★从学过的加氢、催化裂化分析催化剂与工艺关系

⑤ 拓展问题

10-1-16 ★从专业学习角度，你认为什么能力最重要

10-1-17 ■★任举一例，说说你在专业学习中想到的辩证法问题

例 4：第 10 章催化重整的第 3 节催化重整化学反应目标问题设计情况

在“催化重整化学反应”这一节中，教材［《石油炼制工艺学》（徐春明，杨朝合主编，第五版）］分别介绍了催化重整化学反应类型、催化重整反应的化学平衡与反应热、催化重整反应的热力学和动力学分析、影响重整反应的主要操作因素、重整反应动力学模型等内容。开本为 16 开，约占 12 页篇幅，近 11000 字。有 5 个表格，分别是烃类的黏度、烃类分子环数对黏度的影响、环状烃类分子中侧链长度对黏度的影响、各种烃类黏度指数、石油减压馏分的黏度和黏温性质等。

有 2 个图，分别是求取油品混合黏度和石油馏分气体黏度图。有 5 个公式，分别是运动黏度与绝对黏度关系、毛细管黏度计法的黏度计算方法、油品黏度与温度的关系、黏度指数计算、黏度与压力的关系。设计了五类目标问题 39 个，具体目标问题设计情况见附录 2。

（3）《石油炼制工程》用目标问题组织教学示例

运用目标问题组织教学的一般过程如图 4-1 所示，目标问题导向教学模式的教学组织过程一般包括如下七个环节。

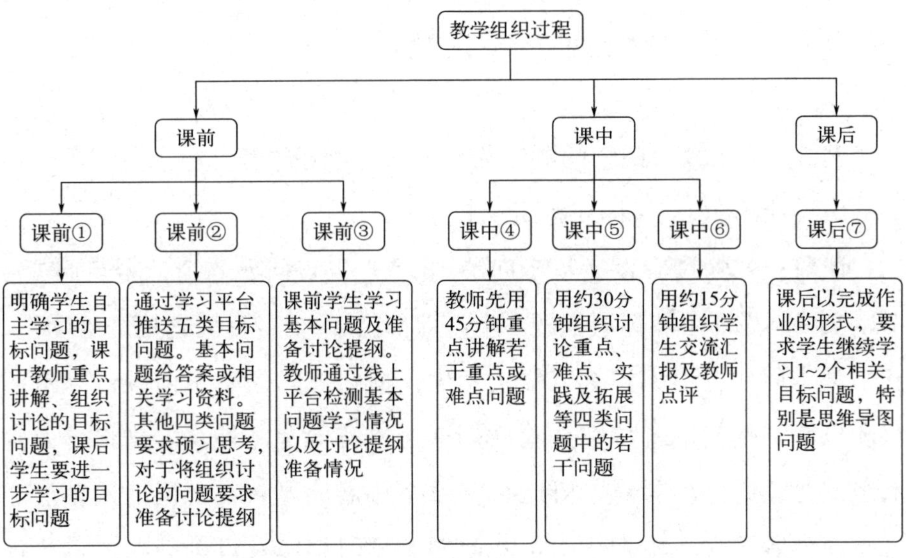

图4-1　目标问题导向教学模式组织教学一般过程

① 设计五类目标问题。教师在课前要精心设计好五类目标问题。明确课前学生要自主学习的目标问题，课中教师重点讲解、组织讨论的目标问题，课后学生要进一步学习的目标问题。

② 推送五类目标问题。上课前通过学习平台推送五类目标问题。

其中基本问题给出简要答案或相关学习资料。其他四类问题要求预习思考，对于将组织讨论的问题要求准备讨论提纲。

③ 课前学生学习基本问题及准备讨论提纲，教师通过线上平台检测基本问题学习情况以及讨论提纲准备情况。

④ 课中教师讲解。教师先用 45 分钟重点讲解若干重点或难点问题。

⑤ 课中组织讨论。用约 30 分钟组织讨论重点、难点、实践及拓展等四类问题中的若干问题。

⑥ 课中交流汇报。用约 15 分钟组织学生交流汇报及教师点评。

⑦ 课后作业。课后以完成作业的形式，要求学生继续学习 1 ～ 2 个相关目标问题，特别是思维导图问题。

例 5：第 1 章　四个问题谈绪论的教学组织过程

用设计的 26 个目标问题组织教学。

课前：教师精心设计基本问题 18 个、重点问题 4 个、难点问题 1 个、实践问题 2 个和拓展问题 1 个。课前将 26 个目标问题推送给学生，其中基本问题要给出答案。要求学生课前认真学习基本问题，尽量阅览和思考其他问题，特别是除教师课上讲解问题之外且安排将在课堂上组织讨论的其他重点、难点、实践及拓展问题。在上课前，教师通过雨课堂等平台，检查学生基本问题的学习情况及讨论问题的讨论提纲准备情况。

课中：（一）教师用 45 分钟时间讲解“如何认识和介绍《石油炼制工程》这门课程”“从‘洋油’到‘国Ⅵ’，概述我国石油工业的发展”“用思维导图分析石油炼制技术发展有哪些主要趋势”“五句古诗谈如何学习《石油炼制工程》课程”等四个重点问题。每个问题讲解约用 10 分钟。

（二）组织学生分组讨论“如何从分子水平认识石油及目前分子炼油发展情况”“从石油产品广泛应用的角度，分析石油炼制与国民经济的密切关系”等。每组约10人，讨论时间约25分钟。讨论结束后，每组选派1名代表上台汇报讨论情况。该名代表的汇报情况将关联到本组同学这一环节的过程性评价。在代表汇报之后，本组同学如果有不满意所选派代表的汇报情况，可以再由1名同学主动提出补充汇报。讨论“如何从分子水平认识石油及目前分子炼油发展情况”问题时，提示学生从什么是分子水平、什么是分子炼油、怎么认识分子、“分子水平”对炼油生产及管理有什么意义等方面展开思考。讨论“从石油产品广泛应用的角度，分析石油炼制与国民经济的密切关系”问题时，提示同学们要从自己生活中对石油产品的认识谈起。

课后：完成“查阅资料，举例简述三烯、三苯生产工艺原理（选其一）”“查阅资料比较我国和其他国家能源消费结构，分析发展石油炼制工业的重要性”等问题的学习。至少提交其中一个问题的书面分析解答。

例6：第3章第3节　四个问题谈油品的黏度及低温特性的教学组织过程

用设计的28个目标问题组织教学。

课前：教师精心设计基本问题15个、重点问题4个、难点问题2个、实践问题3个和拓展问题4个。课前将28个目标问题推送给学生，其中基本问题要有答案。要求学生课前认真学习基本问题，尽量阅览和思考其他问题，特别是除教师课上讲解问题之外且安排将在课堂上组织讨论的其他重点、难点、实践及拓展问题。在上课前，教师通过雨课堂等平台，检查学生基本问题的学习情况及讨论问题的讨论提纲准备情况。

课中：（一）教师用45分钟时间讲解“用思维导图分析什么是黏

度”“用思维导图分析流动特性（黏度）的表示方法及影响因素”“用思维导图分析油品在低温下失去流动性的原因”“如何理解流动特性的内涵”等四个问题。每个问题的讲解用时约 10 分钟。

（二）组织学生分组讨论“从黏度概念出发，分析黏度与动力输送的关系。或由伯努利方程中阻力项出发，简单分析黏度对生产实践的影响”“如何测定油品的黏度”“从‘千里油温 - 大庆精神永不磨灭’思考黏度与温度的关系”“用思维导图分析同一种油品浊点、结晶点、冰点、凝点、倾点、冷滤点等大小”等问题。每组约 10 人，讨论时间约 25 分钟。讨论结束后，每组选派 1 名代表上台汇报讨论情况。该名代表的汇报情况将关联到本组同学这一环节的过程性评价。在代表汇报之后，本组同学如果有不满意所选派代表的汇报情况，可以再由 1 名同学主动提出补充汇报。讨论时要特别提醒同学们对由“什么是黏度”“用思维导图分析什么是黏度”“从黏度概念出发，分析黏度与动力输送的关系或由伯努利方程中阻力项，简单分析黏度对生产实践的影响”“如何测定油品的黏度”及“从‘千里油温 - 大庆精神永不磨灭’思考黏度与温度的关系”等几个问题构成的问题链的系统思考。

课后：完成“用思维导图分析同一种油品浊点、结晶点、冰点、凝点、倾点、冷滤点等大小”“黏度仅仅影响阻力吗”“仅从油品性质角度，分析冬天汽车打不着火的原因”等问题的学习。至少完成其中一个问题的书面分析解答。

例 7：第 10 章第 1 节　三个问题谈概述的教学组织过程

用设计的 17 个目标问题组织教学。

课前：教师精心设计基本问题 9 个、重点问题 3 个、难点问题 1 个、实践问题 2 个和拓展问题 2 个。课前将 17 个目标问题推送给学生，其中基本问题要有答案。要求学生课前认真学习基本问题，尽量阅览和思考其他问题，特别是除教师课上讲解问题之外且安排将在课堂上组织讨论的其他重点、难点、实践及拓展问题。在上课前，教师通过雨课堂等平台，检查学生基本问题的学习情况和讨论问题的讨论提纲准备情况。

课中：（一）教师用 45 分钟时间讲解“外行人（文学家、法学家、经济学家、艺术家、古诗词爱好者、小说家）见到‘催化重整’一词会想些什么，你本人呢”“你作为化学工程与工艺专业学生，请从专业角度，谈谈见到催化重整应该想到什么”“用唯物辩证法普遍联系和永恒发展的观点简略谈谈你对催化重整与催化裂化、催化加氢的认识”等三个问题。每个问题的讲解用时约 15 分钟。

（二）分组组织学生讨论“结合重点问题的思考，特别是听老师讲解后，简单绘制学习催化重整的初步思维导图”“综述催化重整技术发展历程”“从学过的加氢、催化裂化分析催化剂与工艺关系”“任举一例，说说你在专业学习中想到的辩证法问题”等四个问题。每组约 10 人，讨论时间约 25 分钟。讨论结束后，每组选派 1 名代表上台汇报讨论情况。该名代表的汇报情况将关联到本组同学这一环节的过程性评价。在代表汇报之后，本组同学如果有不满意所选派代表的汇报情况，可以再由 1 名同学主动提出补充汇报。

课后：继续完成思维导图的绘制以及对“从专业学习角度，你认为什么能力最重要”等问题的思考学习。

例 8：第 10 章第 3 节　五个问题谈催化重整反应的教学组织过程

用设计的 39 个目标问题组织教学。

课前：教师精心设计基本问题 27 个、重点问题 5 个、难点问题 3 个、实践问题 1 个和拓展问题 3 个。课前将 39 个目标问题推送给学生，其中基本问题要有答案。要求学生课前认真学习基本问题，尽量阅览和思考其他问题，特别是除教师课上讲解问题之外且安排将在课堂上组织讨论的其他重点、难点、实践及拓展问题。在上课前，教师通过雨课堂等平台，检查学生学习基本问题的情况以及讨论问题的讨论提纲准备情况。

课中：（一）教师用 45 分钟时间讲解“简要回顾化学反应热力学与化学反应动力学”“简述催化重整主要反应的热力学与动力学特征”“十问读懂图 10-a”“用思维导图分析相比六元环烷烃的脱氢反应，五元环烷的异构脱氢反应有什么特点”“用思维导图分析影响催化重整反应的主要因素有哪些”等问题。每个问题的讲解用时约 9 分钟。

（二）分组组织学生讨论“图 10-e 为正庚烷环化脱氢、加氢裂化和异构化反应转化率的关系，试分析正构烷烃的动力学反应特征。”“分析正庚烷在铂 - 氧化铝重整催化剂上的反应特征”“根据催化重整的反应特点，各反应类型对产物产率及性质的影响，以及反应条件对重整各反应的影响等方面进行分析。参考六元环烷烃脱氢项目，完成表 10-d 中空缺部分。”以及拓展问题 10-3-37 等 4 个问题。每组约 10 人，讨论时间约 25 分钟。讨论结束后，每组选派 1 名代表上台汇报讨论情况。该名代表的汇报情况将关联到本组同学这一环节的过程性评价。在代表汇报之后，本组同学如果有不满意所选派代表的汇报情况，可以再由 1 名同学主动提出补充汇报。

课后：继续完成思维导图的绘制以及难点、实践和拓展问题的学习。

4.2 目标问题导向教学模式的实践特征

从《石油炼制工程》《石油化工工艺学》《化工仪表及自动化》《化工原理》《审计学》《大学物理》《通信原理》《大学英语读写（一）》《混

凝土与砌体机构（一）》《高级财务会计》《形势与政策》《中西乐器（主修）古筝》等50多门课程的教学实践中，可以分析目标问题导向课程教学模式具有重构教学内容、融入课程思政、打造思辨课堂、培养思辨能力、推进三全育人、建设高质金课等实践特征。

4.2.1　重构教学内容

目标问题导向课程教学模式首先要设计目标问题，将课程教材的内容体系转化为目标问题体系。在《石油炼制工程》课程教学实践中，全课程共13章，设计了基本问题996个、重点问题230个、难点问题152个、实践问题133个和拓展问题171个，共设计1682个目标问题，其中基本问题要给出简要答案。在课前推送基本问题（含答案）及其他四类问题的基础上，教师在课堂教学组织中，一般只用1节课的时间重点讲解能基本覆盖课程主要教学内容的重点、难点、实践和拓展问题中的几个问题（在实际教学中，教师讲解的问题可都归为重点问题），而另1节课则以讨论、交流汇报形式组织学生学习其他类型问题。教师在讲解中，对于教材的内容组织则以“几个问题谈某一章或某一节”来重新命名某章或某节。比如，在第2章“十九个问题谈石油化学组成”，第2章第1节“五个问题谈石油的一般性状、元素组成及馏分组成”。《石油炼制工程》全书教学内容重构情况如表4-3所示。通过这种课程内容重构的形式，不仅将传统教学中一般按照课程内容进行讲课的模式转变成按目标问题组织教学，而且便于记忆和思考所学内容，也便于同学们通过目标问题学习建构自己的知识体系，更有助于促进前沿或交叉学科的新成果、新进展及时通过问题设计融进课堂，促进课程建设，切实做到讲一门课程，而不是讲一本教材。

表4-3 《石油炼制工程》课程教学内容重构情况

传统按教材内容体系组织教学章节名称	目标问题导向按问题体系组织教学章节名称
第1章　绪论	第1章　四个问题谈绪论
第2章　石油化学组成	第2章　十九个问题谈石油化学组成
第3章　谈石油及油品的物理性质	第3章　二十二个问题谈石油及油品的物理性质
第4章　石油产品	第4章　十九个问题谈石油产品
第5章　原油评价及加工方案流程	第5章　六个问题谈原油评价及加工方案流程
第6章　谈石油蒸馏	第6章　三十一个问题谈石油蒸馏
第7章　热加工过程	第7章　十一个问题谈热加工过程
第8章　催化裂化	第8章　三十个问题谈催化裂化
第9章　催化加氢	第9章　二十九个问题谈催化加氢
第10章　催化重整	第10章　二十二个问题谈催化重整
第11章　溶剂分离过程	第11章　十二个问题谈溶剂分离过程
第12章　炼油厂轻烃加工利用	第12章　十一个问题谈炼油厂轻烃加工利用
第13章　石油产品精制与调合	第13章　九个问题谈石油产品精制与调合
课程内容重构为230个问题谈《石油炼制工程》	

4.2.2　融入课程思政

围绕教学目标设计目标问题，用目标问题组织教学模式特别有助于融入课程思政，让教书育人真正做到春风化雨、润物无声。在重构《石油炼制工程》课程内容过程中，除了在教师重点讲解的 230 个重点目标问题中，自然融入了 53 个课程思政外，在基本、难点、实践和拓展等其他四类问题设计中，又融入了 55 个课程思政问题。《石油炼制工程》全课程的课程思政问题见附录 3。这里举一个例子，说明目标问题导向教学模式是如何融入课程思政内容的。

在第 10 章“二十二个问题谈催化重整”中，设计了“十问读懂图 10-a”这样一个重点问题（问题的具体内容见附录 2），它是典型的隐性问题，也能很好地融入课程思政。

在问题讲解结束后，教师给出两个提示。提示 1：分析图表是理工科学生重要的基本功。图表比文字直观、简洁清晰，是表达知识、规律和原理等信息时常采用的形式。提示 2：要透过现象看本质——学会深度思考和深度学习。由南宋时期文学家、史学家、爱国诗人陆游的“冬夜读书示子聿”仿作了一首“课堂求知示学生”提醒同学们重视图表的学习。

冬夜读书示子聿	课堂求知示学生
陆游	广油　教师
古人学问无遗力，少壮工夫老始成。	学习必当无遗力，熟读更须深思量。
纸上得来终觉浅，绝知此事要躬行。	文字描述终觉浅，图表洞明要躬行。

王丽教授讲授《石油化工工艺学》课程，共采用 178 个目标问题，融入课程思政案例 78 个，课程思政视频 35 个，见表 4-4。

表4-4 《石油化工工艺学》课程目标问题导向教学模式内容重构与融入课程思政情况

<table>
<tr><th>章节名称（内容重构）</th><th>课程思政名人堂</th><th>思政案例及视频</th><th>课程思政主题</th></tr>
<tr><td>20个问题谈绪论</td><td>■ 大国工匠——石化名人（曹湘莉）
■ 大国工匠——石化名人（曹潜龙——潜心驱油龙）</td><td>绿色担当——汽柴油质量升级</td><td rowspan="3">石油化工最新工艺技术</td></tr>
<tr><td>82个问题谈乙烯生产工艺与技术</td><td>■ 大国工匠——石化名人（邓尚——大漠书新篇）
■ 大国工匠——石化名人（杜莉——承志传薪火）</td><td>生机无限——生物航煤等
捕获蓝金——页岩气开采</td></tr>
<tr><td>23个问题谈芳烃生产技术</td><td>■ 大国工匠——石化名人（蒋士成——为国筑功成）
■ 优秀校友1——李旭灿：攀登芳香峰，成就芳香业</td><td>我为祖国加油
芳烃生产技术——穿在身上的石油</td></tr>
<tr><td>20个问题谈合成气生产及应用</td><td>■ 大国工匠——石化名人（李郑军——平凡见英雄）
■ 大国工匠——石化名人（杨越——优化谱华章）</td><td>克拉玛依的油气世界1
克拉玛依的油气世界2
克拉玛依的油气世界3</td><td>铁人精神</td></tr>
<tr><td>11个问题谈C5/C9资源综合利用</td><td>■ 大国工匠——石化名人（李恩朋——临危主心骨）
■ 优秀校友2——李刚：燃青春之年华，铸石化之先锋</td><td>黑金之光　世间好物
文明之轮　探油勇士</td><td rowspan="2">石油化工文化</td></tr>
<tr><td>12个问题谈苯乙烯生产工艺</td><td>■ 优秀校友3——林琪：挥洒青春汗水，逐梦大国工匠
■ 优秀校友4——赵崇禧：奋斗是青春最亮丽的底色</td><td>绝世武功　无限通达
海上浮沉　加油未来</td></tr>
<tr><td>10个问题谈丙烷制丙烯工艺</td><td>■ 优秀校友5——林树东：在科研道路上砥砺前行
■ -----</td><td>烯烃到口罩的生产
-----</td><td>时事抗疫</td></tr>
<tr><td colspan="4">目标问题导向教学：设计178个目标问题，融入课程思政案例78个，课程思政视频35个</td></tr>
</table>

4.2.3 打造思辨课堂

采用目标问题导向课程教学模式时，同学们在学习过程中，在时空上始终置身于充满目标问题的环境之中。教师在准备目标问题时，已经从教学目标出发，为同学们设计一系列目标问题。当设计的目标问题推送给同学们时，同学们的注意力和思维会被带入对问题的学习和思考之中；同时，如果目标问题设计得艺术和精巧，则会更加引起同学们的学习兴趣，使他们更加投入地围绕目标问题展开学习；与传统教学模式相比，通过目标问题的学习，同学们比学习传统教材的印象更深刻，学习效率会更高，学习效果会更好，将使同学们可长时间持续学习和思考目标问题。

课前学习给了答案的基本问题并通过线上平台检查基本问题的学习情况，有助于同学们对重点、难点、实践及拓展等问题的学习和思考，从思维上有循序渐进的作用。上课时同学们带着思辨问题走进课堂。课中教师多用思维导图形式讲解重点或难点问题，都是围绕解决具体的复杂问题而展开，不断引发启发同学们思考。对于课中组织讨论的问题，同学们要先准备讨论提纲，讨论过程和讨论后的分享汇报均围绕对目标问题的思辨展开。课后，同学们还要带着思辨的任务回去，要完成一些问题，特别是思维导图问题的课后学习。所以，目标问题导向课程教学模式无论是线上线下，还是课前、课中、课后，都充满对目标问题的思考思辨，采用目标问题导向教学模式有助于打造思辨课堂。

4.2.4 培养思维能力

伟大的物理学家阿尔伯特·爱因斯坦曾说过：“如果人们已经忘记了他们在学校里所学的一切，那么所留下的就是教育。让我们想一想，什么是一个人忘不掉的呢？显然，习惯是忘不掉的，因为习惯是一种相对稳定的、自动化了的行为”。对于学校的教育来说，爱因斯坦所说的“习惯”应该更多的指思考思维习惯，所以，培养学生思考思维习惯和能力非常重要。思考思维习惯和能力是“目标问题导向”概念中“目标”一词的重要内涵甚至是核心内涵。本书作者还提出要培养学生用思维承载知识，不仅有利于知识的建构，还会使知识不易被忘记。所以，目标问题导向教学模式中设计了许多思维导图问题、隐性知识问题以及围绕某一知识点的由五类目标问题构成的目标问题链，旨在训练培养学生思考和思维习惯和能力，培养学生建构知识能力。

在《石油炼制工程》课程目标问题导向教学过程中，共设计1682个目标问题，其中思维导图问题223个（见表4-5）（主要分析概念、工艺、设备原理以及不同章、节内容间的关系），隐性问题141个（主要解释图表、公式及某段文字的涵义）以及从基本概念出发由五类目标问题（或其中部分类型问题）构成的问题链，图4-2为从黏度概念出发，设计的五类目标问题。教师讲解重点、难点问题多用思维导图形式，学生更要完成共计300多个思维导图和隐性问题的思考、讨论、学习和绘制，这必然有助于学生逐渐培养和养成建构知识的思维习惯，在培养思维能力中，学生对知识也更持久难忘。

表4-5 《石油炼制工程》思维导图问题按章汇总 （单位：个数）

章节名称	思维导图问题
第1章 绪论	1
第2章 十九个问题谈石油化学组成	16
第3章 二十二个问题谈石油及油品的物理性质	16
第4章 十九个问题谈石油产品	17
第5章 六个问题谈原油评价及加工方案流程	10
第6章 三十一个问题谈石油蒸馏	24
第7章 十一个问题谈热加工过程	12
第8章 三十个问题谈催化裂化	28
第9章 二十九个问题谈催化加氢	29
第10章 二十二个问题谈催化重整	26
第11章 十二个问题谈溶剂分离过程	17
第12章 十一个问题谈炼油厂轻烃加工利用	15
第13章 九个问题谈石油产品精制与调合	12
思维导图问题合计	223

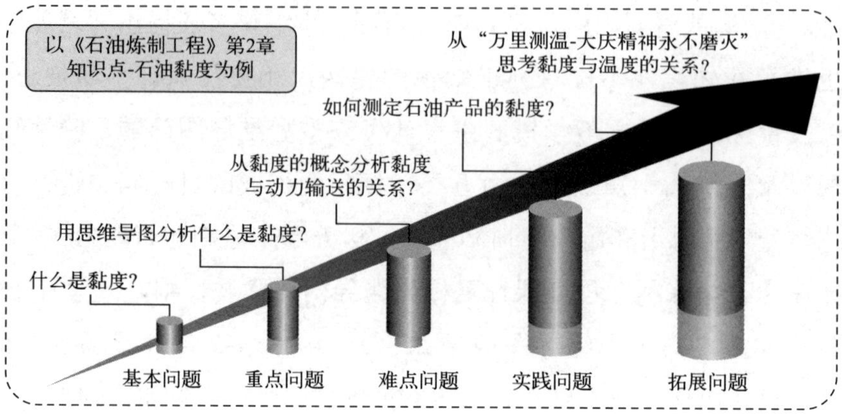

图4-2　围绕黏度概念设计问题链

4.2.5　推进三全育人

实施目标问题导向课程教学模式的关键是对教学目标的理解定位和目标问题的设计。教学目标无疑离不开知识、能力和素养三位一体共同发展，思考思维能力和习惯以及政治素养和道德品质等素质要自觉融入知识传授过程之中。目标问题设计不能太简单，太简单了，将难以激发同学们的学习兴趣，因此，仅凭任课教师一人，仅面对一本教材，难以设计优质的目标问题。目标问题的设计需要坚持三全育人原则要求。

目标问题设计需教学团队成员、思政课专家以及相关管理部门、企业、校友代表等共同参与，**体现全员育人**。

目标问题设计和教学组织特别是高质量思政元素的应用，需要调动协调校内校外多方优质资源，**体现全方位育人**。

从目标素质培养角度，需全过程不断循环往复，反复训练养成，**体现课程教学全过程育人**。

4.2.6　建设高质金课

国家实施“双万计划”课程建设，实质就是“金课”建设，“金课”的特征就是“两性一度”。“金课”的高阶性要求就是课程教学不是简单的知识传授，而是要培养学生解决复杂问题的综合能力和高级思维。“金课”的创新性要求是培养学生探究甚至是研究式的学习能力，要引导学生的思维触角延伸课本之外、学科前沿。“金课”的挑战度就是要求讲课内容有一定难度，需要教师认真投入情感备课才能准备好，学生需要努力下一番功夫才能完成。

目标问题导向教学模式通过设计基本、重点、难点、实践及拓展五类目标问题组织教学，设计的目标问题中注重融入思维导图问题、隐性知识问题、课程思政问题和学科前沿问题。学生能看懂的基础问题，给出答案要求学生课前自主学习，课上不讲，可以适度挤掉一些“水分”，提高课程含金量。课中教师重点讲解的问题多采用思维导图形式进行，组织讨论和交流汇报部分问题，课后学生还要完成部分思维导图问题、隐性知识问题学习，有针对性地培养学生探究式、研究式学习能力和思维习惯，使课程教学具有鲜明的高阶性和创新性。在教学内容处理上，像什么是黏度、什么是挥发性、什么是黏温特性、什么是中国特色社会主义和什么是创新等概念性知识性内容归为基本问题，而用思维导图分析什么是黏度、用思维导图分析什么是挥发性、用思维导图分析什么是黏温特性、用思维导图分析什么是中国特色社会主义和用思维导图分析什么是创新等归为重点、难点内容，需要教师重点讲解分析，也需要同学深入思考探究甚至是研究式学习，对教师和学生均具有一定的挑战性。图 4-3 为目标问题导向教学模式下，《石油炼制工程》高质金课特征图。由图可知，通过设计 1682 个目标教学问题，目标问题导向教学模式将课程内容转化为学习 996 个基本问题，223 个思维导图问题，141 个隐性知识问题，108 个课程思政问题的教与学，其中教师不仅要精心设计五类目标问题，做好基本问题答案和录制解析视频，还要讲解约 110 个思维导图问题和约 70 个隐性知识问题（含约 80 个课程思政问题）；学生不仅自主学习 996 个基本问题，还要完成约 110 个思维导图问题以及参与课中讨论、课后学习问题 200 多个（其中约含 70 个隐性知识问题）。这些教学安排，对教师和学生均有难度，需要挑战，使课程具有挑战度。总之，目标问题导向教学模式有助于建设高质金课。教学要求突出自主式学习、探究式教学、训练高阶思维、建立知识联系、促进学生建构知识体系等能力素质，使课程彰显高阶性和创新性。

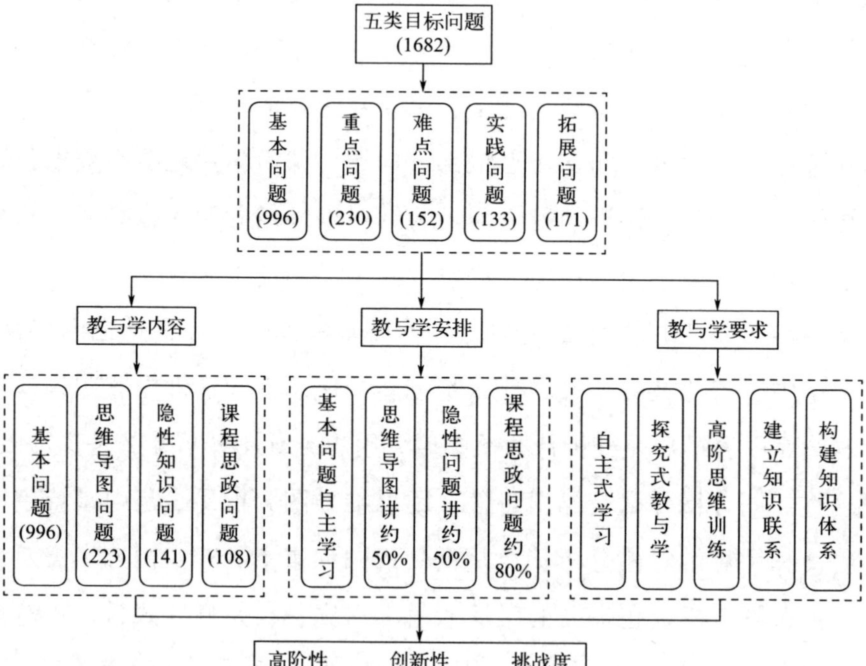

图4-3 目标问题导向教学模式高质金课特征

第5章 目标问题导向教学模式的教学评价

5.1　教学评价的定义

什么是教学评价？如何理解教学评价？目前，在中国知网上，以“教学评价”为篇名关键词，可检索到从 1983 年至今共有 15500 多篇文献，其中关于高等教育的有 2300 多篇，这个数字不能说明“教学评价”被重视、关心和研究的广度，而恰恰说明关于“教学评价”成果性公开的研究和实践不够。在中国知网上，以“课程教学评价”或“课程 & 教学评价”为篇名关键词，可检索到 1800 多篇，其中关于高等教育的有 340 多篇；以“课堂教学评价”或“课堂 & 教学评价”为篇名关键词，可检索到 4600 多篇，其中关于高等教育的有 360 多篇，这个数字可以说明在高等教育领域“课程教学评价”或“课堂教学评价”被重视、研究与实践的程度很不够。如果按从 1983 年至今的年平均篇数来看，则高等教育领域公开的课程或课堂教学评价的相关研究成果则显得有点稀少了。

对于教学评价内涵的理解，还真不能仅从文献去研究，因为教学评价的实践性很强。如果仅从文献、从头脑加工去研究教学评价，而不去实践教学评价，这样的“评”，也就没什么“价”了。

根据文献，教学评价的定义如下：教学评价是一种价值评价活动，它以教学目标为依据，通过多种方式系统地搜集各种信息，对教学活动的过程及其效果进行测定、衡量、判断，并反馈指导改进教学过程。

教学评价的主体可以是“他”，他评包括行政管理者、教学督导人员、教师同行和学生评价，也可以是“我”，自评就是教师自我开展教学评价。他评的结果反馈，要通过教师自身发挥能动作用，指导改革教学实践和评价实践。传统教学模式和考试评价方式根深蒂固，教师开展教学改革已经是一种挑战，再探索教学评价改革的确需要投入大量的时间和精力，同时教学评价改革，需要更深层次的教学改革作为支撑。这也许正是课程或课堂教学评价方面研究和实践文献较少的原因。在本章，作者更倾向于教师自身应该主动开展课程或课堂教学评价，站在教学实践者的角度，考虑如何进行课程教学的自我评价，包括教学具体环节学生评价或学生互评，而较少涉及从管理者角度的教学评价。

5.2 教学评价的目的

教师开展课程教学评价，其目的体现在以下三个方面。**一是教学评价的本质要求或根本目的应该是“立评立反立改”**。按照上述的教学评价的定义，“通过多种方式系统地搜集各种信息”主要是教师本身要主动掌握教学目标要求、教学内容处理、教学方法运用、教学组织形式等教学过程方面的信息，并能够清楚分析这些过程方面的信息与学生知识学习、能力发展和素质养成等目标要求的关系。在教学过程中，教师要及时掌握教学过程信息以及学生学习情况，分析存在的问题，做好评价、反馈、改进的同时，确保教学过程可控、教学目标可控、教学质量可控。**二是评价教师的主导作用**。“教”与“学”作为教学过程一对矛盾的两个方面，“教”是主要方面，如果教师“教”得不好，学生则很难“学”得好。也就是说要体现学生的主体地位，还得教师充分发挥主导作用。教师的主导作用的关键是要将课程教学目标细化、过程化，知识、能力和素养具体要求是什么？教学设计时要确保教学内容处理、教学方法运用、教学组织形式等过程要素紧扣实现课程目标进行。**三是评价学生的主体地位**。学生的主体地位主要体现在学生的综合发展上。从教学评价角度，课程的能力目标和素质目标如何实现？教学环节如何聚焦能力目标和素质目标进行设计、组织和控制？很显然，这种突出学生主体地位的教学评价已远远不同于以测验、考试等为主的传统教学评价，更强调能力和素质目标的过程性，强调在教学过程中落实学生的主体地位。

5.3　教学评价的原则

教学评价是高校保证教学质量不可缺少的重要环节之一，这为高校各层管理者和广大教师所公认。然而，高校教学系统牵涉因素多，影响教学质量因素也多，教学评价难度较大。教学评价的主体可以包括教育管理部门、学校各级管理者、教师同行、教师本人、教学督导、学生和其他与学校教育有关联的社会成员和组织。无论是什么主体，开展教学评价之前，先要明确评价原则，用于指导教学评价活动。不同的教学评价主体，教学评价的原则会有所不同，甚至区别很大。本节或者说目标问题导向理念更倾向于讨论教师自我教学自评，包括在教师主导下，个别具体教学环节学生可能参与的教学评价。教育主管部门主导的行政性评价则应通过制订教师自我教学评价指导意见以及制订评价教师自我教学评价的办法，实现对教师教学进行评价，这方面内容本书不再进一步阐述。

5.3.1　目标导向原则

课程应该在知识、能力和素养方面设定明确的教学目标。在第

2.2.2 节，阐述了课程目标对教师、学生至少应该包括这样一些要求：激发兴趣、引发思考、训练思维、启迪智慧、有效教学；学生中心、人文关怀、有效学习、理想意志、家国情怀；沟通表达、团队协作、实践创新、担当作为等。设定这样的教学目标，教学评价时应该评价在教学设计、教学组织、教学方式等教学环节中，如何持续支撑实现这样的目标，在教学过程中体现目标导向，在目标导向下进行教学评价。一旦有了明确而细致的教学目标，教师自行开展的教学评价必然更贴近教学本质和教学实践要求，更易操作，效果更好，这样的自我教学评价必然更有利于教学目标的实现。若教师没有这样的目标导向，教学评价则会无的放矢，流于形式。

5.3.2 注重过程原则

知识、能力和素养等三个方面的课程教学目标能否实现？取决于教学过程能否将知识、能力和素养有效融合在一起。教学评价应该将知识、能力和素养等三个方面融合在一起进行评价。传统的考试和测验等方式可以进行知识学习方面的评价，难以真实反映能力和素养方面的学习效果。能力和素养方面的教学目标只能靠教学过程中逐步积累，而不能靠“突击考试”的一日之功。比如，要培养学生思维习惯、思考思维、沟通表达、团队协作及家国情怀等方面的能力和素质，教师首先要在教学过程中进行针对性教学设计，在学习知识过程中提供训练和培养这些能力和素质的情境、教学内容表现形式、教学方法和组织过程，同时，在教学过程中，对学生的学习表现、学习效果、参与程度进行过程评价，评价的结果要及时反馈于下一次的教学设计和优化下一次的教学过程。

5.3.3 教师主导原则

教学评价中应该坚持教师主导原则，原因可从三个方面考虑：一是管理者的评价。管理者往往面向全校的课程，设计同样的评审模式和评审要求，导致课程要求雷同，缺乏塑造教学特色和个性化课程建设方面的激励。同时，由于管理者评价多为行政化评价，多数为学科或课程的“外在评价”，不容易从深层次把握具体课程的教学要求，提出的意见或建议中行政化成分多，专业化、科学化成分往往偏少。二是学生的评价。学生是教学过程的中心，教学过程的一切活动均是为学生发展服务的，学生有必要对教学进行评价。然而，学生的学科知识体系尚未形成，对课程和课程教学质量的认知水平有限，若完全采取学生评价，肯定是不全面、不合理的，学生评价最好在讨论、问题学习等细分的教学环节中，作为教师自评或他评的一个组成部分。三是教师的自我评价。教师自我评价是否更合理取决于教师是否细化课程教学目标，并通过教学设计将知识学习、能力培养和素质提升融合于教学全过程。如果教师有明确细分的教学目标，则其必定会建立适合自己教学模式的教学评价内容和方法。如果是照本宣科，一套教案吃到退的教师，则更适合采用行政化的教学评价方法。从管理的角度，更应建设有助于促进教师发挥主导作用的教学评价制度体系，更注意激发教师开展和参与教学评价的主动性和积极性 [1,2]。

5.3.4　学生主体原则

教学评价的目的是确保教学过程要有高质量和学生在知识、能力和素质的全面发展。学生主体不能仅停留在概念或理念层面，要落实到教学实践与评价实践相统一的教学组织过程之中。要坚持学生主体原则，必须以目标导向原则为基础，以注重过程原则为根本，以教师主导原则为保障。要强调教学评价过程中学生的主体地位，重视教学过程中学生主动学习的积极性、参与程度、学习态度、学习效果和学习收获等方面评价 [2]。

5.3.5 以评促改原则

教学评价的基本目的就是实时诊断教学过程中存在的问题，并及时反馈改进，确保教学过程紧扣教学目标进行。明确细化知识、能力和素质“三位一体”课程教学目标后，必然要求教师以增强能力和素质培养为核心，随着课程知识体系延展，精心设计“三位一体”的教学过程。教师自我评价的最可贵之处就是更易发现围绕教学目标要求，在教学过程中存在的问题，及时反馈改进，教师会不断总结反思自己的教学，及时优化教学设计，完善教学方法，提升课堂教学与组织水平，确保教学过程不偏离教学目标。同时，教师进行自我教学评价，会加强学习提升自己的专业水平与能力，从而实现更好的自我追求和自我发展，确保教师发挥自身的主导作用，保障学生的主体地位，促进学生全面发展。

5.4 目标问题导向教学模式教学评价要求

5.4.1 教学目标

课程教学目标是目标问题导向教学模式设计目标问题的出发点，也是教学评价的目标导向原则的落脚点。对课程教学目标的评价不能只是简单地要求教学目标明确、具体、可衡量，而一般情况下教学评价方案或指标体系往往用“明确、具体、可衡量”要求课程教学目标。这种“明确、具体、可衡量”要求对于知识性的学习目标是比较合理的，而对能力和素质方面的目标而言，这一要求则不怎么科学。比如，培养思考和思维能力应该作为课程教学的重要目标，而思考思维能力如何“明确、具体、可衡量”，则不是件容易做到的事。另外，教学目标也不能只是要求学生达到什么样的目标，对教师也应有明确的教学目标要求，这一要求是贯穿于整个教学过程的教师教学行为，比如教师讲课时应该以学生为中心，激发兴趣、引发思考、训练思维、启迪智慧，体现人文关怀，做到有效教学，促进学生有效学习。再有，课程教学目标应该是综合性目标，沟通表达、团队协作、理想意志、家国情怀、实践创新和担当作为等均是课程教学目标中重要的素质要求。目标问题导向课程教学模式对教学目标提出的知识、能力、素质方面的综合要求是：激发兴趣、引发思考、训练思维、启迪智慧、有效教学；学生中心、人文关怀、有效学习、理想意志、家国情怀；沟通表达、团队协作、实践创新、担当作为等。这一综合目标要求也是课程教学评价的要求。

5.4.2　教学内容

什么样的教学内容能紧扣上述的课程教学综合目标要求？在行政管理主导的教学评价方案或指标体系中，往往采用“内容准确、充实、有深度”“体现学科特点和发展趋势”“激发学习者兴趣”等要求课程教学内容。这些要求本身无需评论，只是这些要求一般的评价主体做不到，不好落实，也不太好衡量。最重要的问题是这些要求对教学目标难以实现知识、能力和素质的全面、强烈的支撑，教学目标与教学内容有各行其是之嫌。

目标问题导向教学模式为了实现知识、能力和素质方面的课程教学目标要求，在教学内容的处理和重构上提出明确的要求和简单可行的操作。围绕课程教学内容，设计基本问题、重点问题、难点问题、实践问题和拓展问题等五类教学目标问题，将知识体系转化成目标问题体系，将知识、能力、素质“三位一体”的目标要求融进问题体系。在围绕目标问题体系的教学过程中，不仅传授学习知识，而且能力培养和素质养成更加重要。

比如，在《石油炼制工程》课程教学中，关于黏度这部分内容的教学，设计了基本问题：什么是黏度；重点问题：用思维导图分析什么是黏度；难点问题：从黏度的概念出发，分析黏度与动力输送的关系？或由伯努利方程中阻力项，简单分析黏度对生产实践的影响？实践问题：如何测定油品的黏度？拓展问题：从“千里测油温 - 大庆精神永不磨灭”思考黏度与温度的关系。通过这种关于黏度知识点的目标问题体系的学习，可以达到对黏度知识的深度学习，同时培养思考思维能力、知识应用能力、实践能力，自然融入的课程思政可以激发和培养学生家国情怀。

5.4.3 教学方法

在明确细化教学目标以及聚焦目标针对性设计和重构教学内容之后，教学方法成为影响教学效果的一个关键因素，也成为教学评价的一个重要内容。“教学方法灵活多样”“注重学生能力培养”“能有效激发学生的学习兴趣和积极性”，行政管理主导的教学评价方案或指标体系往往提出这样的要求。

目标问题导向教学模式的教学实践始终聚焦讲授、学习目标问题，整个教学过程均贯穿探究式教学法的教学要求。对于具体的五类目标问题，依据问题所反映的知识内容及能力和素质要求，可采取灵活多样的教学方法。基本问题：教师给出答案，课中不讲，课前推送给学生，采用自学辅导以及课前测评方法。重点问题及难点问题：分教师讲解和组织讨论两部分，采用启发式讲解方法和讨论交流学习方法。实践问题：多采用案例教学法。拓展问题：要视具体拓展问题的内容，采用项目教学法或案例教学法。这些灵活的教学方法，不仅可激发学生学习兴趣，而且使知识、能力、素质实现“三位一体”融合培养。

5.4.4　教学组织

明确教学目标、教学内容、教学方法之后，教学组织又成为影响教学效果的又一个关键因素。在行政管理主导的教学评价方案或指标体系中，往往采用“教学环节紧凑、合理”“注重学生个体差异和多元化需求”“能够及时反馈学生学习情况和问题，做好教学调整”等要求评价教学组织。传统教学能做到“教学环节紧凑、合理”，但很难做到兼顾“注重学生个体差异和多元化需求”，目前，常用的测试和考试评价方式，很难做到“能够及时反馈学生学习情况和问题，做好教学调整”。

目标问题导向教学模式设计基本问题、重点问题、难点问题、实践问题和拓展问题等五类目标问题，通过课前推送目标问题、课中教师讲解部分目标问题、课中教师组织讨论部分问题、课中学生汇报交流及教师点评、课后作业等环节用目标问题组织教学。通过问题的讲解或选择学习，可以兼顾深度学习和浅层学习以及不同专业、不同爱好的同学，让学生在问题学习中得到发展个性。同时，目标问题导向教学模式可以通过完善下一次的目标问题设计，及时反馈上一次课程教学中存在的问题。对一些重要的难懂的基础性内容，也可以反复设计成不同问题形式，促进学生进一步理解和掌握。

5.4.5　教学效果

评价教学效果主要看教学过程中针对教学目标所循环开展的有效教学环节，要特别强调能力和素质等教学效果的过程积累特征。在行政管理主导的教学评价方案或指标体系中，往往从“学生能够掌握学科知识和技能”“增强学生的学习能力和自信心”等方面评价教学效果。从上述这些方面评价，可以一定程度地客观评价教学效果，但过程性要求把握不够。学生如何“能够掌握学科知识和技能”？掌握到什么程度？目标问题导向教学模式强调通过不断循环递进的目标问题学习，训练思维能力，提高学生知识体系构建能力和应用知识能力、分析问题和解决问题能力。如何“增强学生的学习能力和自信心”？传统教学方式难以做到这一点。目标问题导向教学通过不同教学方法，组织学生循环参与问题学习，在不断解决问题中增强学生能力，提高学生自信心。

5.5 例举目标问题导向教学评价体系与方法

5.5.1 《石油炼制工程》目标问题教学过程评价

目标问题导向教学模式采用目标问题组织教学，非常有助于根据五类目标问题具体的学习要求，设计评价要求和开展过程性评价。表 5-1 为《石油炼制工程》课程目标问题教学评价表。从表 5-1 可以看出，《石油炼制工程》目标问题导向教学过程中，每次或每节课均可从课前推送的含答案的基本问题的学习及测试、参与重点问题学习情况及测试情况、课前准备难点、实践、拓展等问题的讨论提纲以及课后继续学习的问题等方面开展课程教学过程评价。目标问题教学评价方法中，对基本问题学习情况的测试、对教师讲解的重点和难点问题的掌握情况及测试和对讨论提纲的检查均在教学平台上完成。

表5-1　《石油炼制工程》课程目标问题教学评价表

<table>
<tr><th>问题类型</th><th>评价内容</th><th>各分项分值</th><th>各类问题分值</th><th>合计分值</th></tr>
<tr><td rowspan="3">基本问题（给出答案，学生课前学习）</td><td>观看讲解视频</td><td>5</td><td rowspan="3">15</td><td rowspan="15">100</td></tr>
<tr><td>完成文档学习</td><td>4</td></tr>
<tr><td>预习测试</td><td>6</td></tr>
<tr><td rowspan="3">重点问题（教师讲解）</td><td>观看讲解视频</td><td>8</td><td rowspan="3">20</td></tr>
<tr><td>参加课堂学习</td><td>7</td></tr>
<tr><td>完成随堂测试</td><td>5</td></tr>
<tr><td rowspan="3">难点问题（课前写讨论提纲、组织讨论、学生课后完成学习）</td><td>从三个方面准备讨论提纲：自己尚不明白，向同学请教的问题；自己认为已经懂了的问题，向同组同学提具体讨论要求；谈对教师讲解重点问题的感受</td><td>15</td><td rowspan="3">35</td></tr>
<tr><td>参与讨论或小组汇报</td><td>10</td></tr>
<tr><td>完成课后学习问题</td><td>10</td></tr>
<tr><td rowspan="3">实践问题（组织讨论、学生课后完成学习）</td><td>完成讨论提纲</td><td>5</td><td rowspan="3">15</td></tr>
<tr><td>参与讨论或小组汇报</td><td>5</td></tr>
<tr><td>完成课后学习问题</td><td>5</td></tr>
<tr><td rowspan="3">拓展问题（组织讨论、学生课后完成学习）</td><td>完成讨论提纲</td><td>5</td><td rowspan="3">15</td></tr>
<tr><td>参与讨论或小组汇报</td><td>5</td></tr>
<tr><td>完成课后学习问题</td><td>5</td></tr>
</table>

5.5.2 《石油化工工艺学》目标问题教学过程评价

《石油化工工艺学》课程分别按五类目标问题的学习情况进行过程性评价。其评价内容和要求见表5-2～表5-6。从表中可以看出，针对不同类型目标问题，学习要求不同，评价方法和要求也不同。在难点问题和实践问题教学评价中，还设计了教师评价、组内互评、组间互评以及学生自评等形式，有助于教师跟踪目标问题的教学情况和教学效果。

表5-2 《石油化工工艺学》目标问题教学基本问题评价表

<table>
<tr><th>评价类型</th><th>评价项目</th><th colspan="3">评价标准</th><th>权重</th></tr>
<tr><td rowspan="10">基本问题（课前）</td><td rowspan="2">观看基本问题慕课视频</td><td>全部完成</td><td>80%<完成度<100%</td><td>完成度低于80%</td><td rowspan="2">2%</td></tr>
<tr><td>90～80分</td><td>80～70分</td><td>70～60分</td></tr>
<tr><td rowspan="2">完成思政话题讨论（思政元素：科学精神、攻坚克难、创新精神等）</td><td>观点正确，有理有据</td><td>观点无原则性错误</td><td>观点错误</td><td rowspan="2">2%</td></tr>
<tr><td>100～80分</td><td>80～60分</td><td>0分</td></tr>
<tr><td rowspan="2">完成基本问题文档学习</td><td>完成设置的任务点</td><td colspan="2">未完成设置的任务点</td><td rowspan="2">1%</td></tr>
<tr><td>100分</td><td colspan="2">0分</td></tr>
<tr><td colspan="1">完成基本问题前测题</td><td colspan="3">按照标准答案及评分标准给相应的分数</td><td>4%</td></tr>
<tr><td rowspan="2">完成与基本问题相关的外文文献阅读</td><td>完成设置的任务点</td><td colspan="2">未完成设置的任务点</td><td rowspan="2">1%</td></tr>
<tr><td>100分</td><td colspan="2">0分</td></tr>
</table>

表5-3 《石油化工工艺学》目标问题教学重点问题评价表

<table>
<tr><th>评价类型</th><th>评价项目</th><th colspan="3">评价标准</th><th>权重</th></tr>
<tr><td rowspan="7">重点问题（课中）</td><td rowspan="2">重点问题（学生绘制）思维导图多维度解析</td><td>思路清晰
框架完整
逻辑正确
观点无误
布局合理</td><td>思路清晰
框架基本完整
逻辑基本正确
观点无误
布局基本合理</td><td>思路清晰
框架不太完整
逻辑基本正确
观点无误
布局不合理</td><td rowspan="2">10%</td></tr>
<tr><td>90～80分</td><td>80～70分</td><td>70～60分</td></tr>
<tr><td>完成雨课堂弹幕讨论</td><td colspan="3">能够进行正确的价值引领，观点无误（思政考核点）</td><td>3%</td></tr>
<tr><td rowspan="2">分组完成思维导图汇报展示</td><td>观点正确，有理有据</td><td>观点无原则性错误</td><td>观点错误</td><td rowspan="2">5%</td></tr>
<tr><td>90～80分</td><td>80～70分</td><td>70～60分</td></tr>
<tr><td rowspan="2">多维度解析思维导图抢答活动</td><td>抢答第一，回答正确</td><td>抢答第一，回答基本正确</td><td>抢答第一，回答不全面</td><td rowspan="2">2%</td></tr>
<tr><td>90～80分</td><td>80～70分</td><td>70～60分</td></tr>
</table>

表5-4 《石油化工工艺学》目标问题教学难点问题评价表

评价类型	评价项目	80～90分	70～80分	60～70分	权重	
难点问题（课中）	难点问题分组讨论进行小组汇报展示	能够综述较新且质量较高的研究成果；能够提出可行的解决方案； 逻辑合理，语言通顺，观点无误	调研参考论文较新；能够较正确提出基本可行的解决方案；逻辑较合理，语言较通顺	查阅参考论文已被广泛认可，提出的解决方案基本可行，逻辑基本合理，语言基本通顺	教师评价（70%）	25%
					组间互评（10%）	
					组内互评（10%）	
					学生自评（10%）	

表5-5 《石油化工工艺学》目标问题教学实践问题评价表

评价类型	评价项目	评价标准					权重	
实践问题（课中/课后）	分组讨论实践问题	班级		1组	2组	…组	教师评价（70%）	30%
		姓名	评分依据/总分	得分	得分	得分	组间互评（10%）	
		（组长）	PPT质量（10分）				组内互评（10%）	
		（组员）	团队合作（20分）				学生自评（10%）	
			内容前瞻性（20分）					
			内容全面性（20分）					
			仪态、熟练程度等（20分）					
			回答问题有针对性，灵活性（10分）					
			总评分					

表5-6 《石油化工工艺学》目标问题教学拓展问题评价表

评价类型	评价项目	评价标准										权重
拓展问题（课后）	拓展问题报告	组别	拓展问题报告撰写（时效性强）		拓展问题内容前瞻性			团队合作	口头报告质量		总分	15%
	拓展问题汇报		符合报告撰写规范（20分）	原创性（10分）	前沿数据（15分）	贴合市场需求（10分）	内容完整（10分）	分工明确，协调沟通（20分）	表述完整、内容完整、重点突出、富有感染力（10分）	PPT质量（5分）		
		1										
		2										
		…										

参考文献

[1] 孙冶.大学课堂教学评价的原则和方法探析[J].昆明理工大学学报(社会科学版),2003,3(3):66-71.

[2] 李硕豪,富阳丽.大学课堂教学评价研究十年回眸[J].昆明理工大学学报(社会科学版),现代教育管理,2017,(6):96-101.

第6章

“目标问题导向”教学观点分析

深入分析目标问题导向理念及目标问题导向教学模式，“目标问题导向”教学存在思考能力观、科学思维观、激发兴趣观、启迪智慧观、有效教学观、有效学习观、教师主导观、学生发展观、价值塑造观、目标导向观等十个方面的观点。

6.1　思考能力观

课程教学应该注重培养学生思考能力，思考能力是体现学生自主学习、有效学习、应用知识、实践创新等的重要基础性素质。从讲授、传授课程知识的角度来看，好的教师不是传授知识，而是教学生去思考和发现隐藏在教材文字、图表中的隐性知识，这是教会学生善于自主学习的第一步——学会学习、学会思考。目标问题导向课程教学理念和模式用设计的目标问题组织教学，在整个教学过程中，将学生置身于问题学习之氛围中，处处提出问题、时时思考问题、人人解决问题，培养学生的“问题意识”，激发其思考欲望。目标问题导向课程教学模式设计的目标问题中思维导图和隐性问题占比高，将思考能力与知识学习自然渗透融合，潜移默化训练养成学生思考习惯，让学生在学习中逐渐有成就感，提高思考能力。

6.2　科学思维观

课程教学的关键是注重培养学生科学思维并引导学生以科学思维

来理解教科书以及教科书内容体系与相关学科的关系。信息化时代，任何一个学科均以极快的速度发展。教科书的内容很广泛但也很有限，以至于教师讲授时只讲结论性知识多，讲清其来龙去脉少，结果使学生习惯于死记硬背。目标问题导向课程教学模式用设计的目标问题组织教学，将知识性内容设计成基本问题，给出答案，课前推给学生，课中不讲但测试学生学习掌握情况，腾出更多时间讲解和学习重点、难点、实践及拓展等问题。目标问题的设计注重融进判断推理、类比思维、综合分析、质疑批判等思维活动要求。在目标问题讲授和学习过程中，贯穿着科学方法的引导，寓教与学于生动的科学问题之中，可开阔学生们的思路，培养科学思维能力，引导学生运用批判性思维，敢于质疑，逐步培养学生的科学创造力。

培养学生的科学逻辑思维能力是培养高素质的创新型人才的重要环节。思维能力不仅是学好课程必须具备的能力，也是培养创新能力的重要基础素质，更是处理日常生活和工作问题所必需的重要能力。思维观中所述的思考不是简单地停留在感性阶段的思考，而是一种有依据的、讲逻辑的、揭示事物本质的思维活动，理性思考是思维活动的本质要求。逻辑严密程度、条理清晰程度是体现思维能力强弱的重要标志。

6.3 激发兴趣观

大家都知道兴趣是最好的老师。可怎样培养兴趣呢？专业知识的学习，如果只是围绕书本讲，难免枯燥无味。因此，能否调动学生的学习兴趣，关系到教学的成功与否，只有当学生对其学习内容产生兴趣，才会乐意去学，才会去积极思考，才会受教育于轻松愉快之中，这对学生的思想教育及提高教学质量是行之有效的。

目标问题导向课程教学模式用设计的目标问题重构教学内容，变传统教师按部就班、循章授课为按目标问题组织教学内容，激发学生兴趣。用设计的目标问题打造思辨课堂，变传统教师主导为学生深度参与教学组织模式，激发学生内生动力。设计应知应会并给出答案的基本类型目标问题，并通过课前雨课堂等形式，检测学生学习掌握情况，用学生对基本问题的成功掌握奠定激发其对重难点等问题的学习兴趣的基础；用重难点问题设计的巧妙形式及问题学习的多样化呈现形式，引发学生学习兴趣。让学生从“知之者”到“好之者”，乃至成为“乐之者”。

6.4 启迪智慧观

智慧是指人类在认知、记忆、思考、理解、分析、判断、创造等各个方面所具备的能力。智慧的启迪和培养可以提升人们的思维能力、学习能力以及解决问题的能力。

目标问题导向课程教学能够启迪智慧：**一是促进广泛认知**。目标问题设计五类目标问题并推送给学生课前阅读学习和准备讨论提纲，特别是基本问题、实践问题和拓展问题，不仅促进学生广泛阅读提高认知水平，而且隐性问题的设计还可促进学生对本质的认知和深度学习。**二是提升记忆能力**。以目标问题的形式重构教学内容和以思维导图形式小结章、节内容，可促进对课程内容的记忆；以关联且升华态形式设计知识点的五类目标问题，促进对知识内容系统理解的基础上深化记忆（比如，前面关于黏度概念五类问题的设计）。**三是养成思考习惯**。目标问题导向教学模式把学生置于问题学习的环境和情境中，开启思维活动，思考和回答问题已经成为一种模式。良好的思考习惯和能力能够促进对事物本质的认知，进而促进提高对事物分析、判断能力，也会促进对事物复杂性的认知，理解不同的观点与价值取向。**四是启发学生善问**。学生长期置于问题学习环境中，不仅有助于培养思考习惯，还有助于提高学生提出问题的能力和水平，特别是在教师的目标问题设计得精彩有趣甚至很艺术的时候，潜移默化中会培养学生敢于质疑、敢于提问题、提出高水平问题的能力。培养学生能够提出好问题是启迪智慧的重要基础。**五是敢于实践创新**。目标问题设计注重理论与实践相结合，注重知识应用，注重实践与创新的问题学习体验，有助于训练学生实践创新能力，使知识在应用和创新中转化为智慧。而且目标问题出于书本，超越书本，让学生在开放的目标问题体系中获得广阔的视野和全面认知能力。

6.5 有效教学观

有效教学是指教师遵循教学活动的客观规律，以尽可能少的时间、精力和物力投入，以最高的教学效率、最优的教学效益，取得尽可能多的教学效果的教学，从而确保尽可能好地实现课程教学目标。

目标问题导向教学模式有效教学观体现在如下五个方面：

目标有效：清晰、简洁、重难点突出且富有高阶性、创新性和挑战度的课程教学目标是有效教学的开始。内容目标要聚焦高阶，能力目标要聚焦创新，素质目标要聚焦价值塑造。课程目标要先和学生讲清楚，教师要在教学目标导向下设计目标问题和运用目标问题组织教学，学生也在目标任务导向下学习目标问题，这样的教与学效率均会比较高。

教学内容有效：目标问题导向教学实践中，教师首先要围绕教学目标，设计五类教学目标问题。目标问题设计，不是课程内容的简单提出和重组，而是要求目标问题不仅要具有新颖性、吸引性、启发性，还能引导学生通过目标问题学习后，不断循环建构自己的知识体系，同时培养能力和提升素质。

教学组织有效：一是用目标问题组织教学，可运用基本问题的设计和学习，有效处理好重点、难点、实践及拓展等类型问题讲解和学习需要的基础知识、关联学科知识。让课程挤掉水分，提升金课含量。二是通过课前推送、课中讲解、课中讨论以及课后继续学习目标问题，让学生始终处于问题学习的氛围，逐步提升学生思考问题和解决问题的能力，久而久之，培养学生提出好问题的能力。三是用目标问题组织教学，更易于把控好时间分配和活跃课堂气氛。教学过程中教师讲解、提问、小组交流、课堂讲评等各环节的时间分配应有预先设计，讲课时要调控好课堂。要营造轻松和谐、平等的课堂氛围，活泼的课堂气氛，能让学生专注于教学活动并主动参与其中，激发学生对教学内容强烈的好奇心和求知欲。

教学方法有效：目标问题导向教学模式的教学实践中均以问题的解决为教学要求，所以目标问题导向教学整个过程均贯穿探究式教学法的教学要求。设计好五类目标问题后，在教学过程中，结合所设计的问题所反映的教学内容及问题类型，为保证较好的教学效果，可采取灵活多样的教学方法。基本问题主要采用自学辅导法，让学生在听教师讲解或参与讨论之前，对相关的基本知识有一个系统学习。教师讲解重点问题及难点问题时，多采用思维导图形式，采用启发式教学法，让学生在知识学习过程中培养思考思维能力。对于部分重点难点等问题，采用讨论式教学法，小组讨论、班上交流汇报、教师点评，促进培养学生团队协作、语言表达能力。实践问题多采用案例教学法。

拓展问题可以采用项目教学法或案例教学法。针对不同问题采用不同教学法，可以提高问题学习的有效性。

教学评价及反馈有效：教学过程中要随程开展自我教学评价，及时掌握学生学习情况并及时反馈和点评。重点是评价能力培养和素质提升方面的情况，及时改进目标问题设计和完善教学过程组织，确保教学过程围绕实现目标而有效开展。

6.6 有效学习观

有效学习是指符合教育、教学原理的学习，它的目的是花更少的时间，学得更多、更牢、更好，用正确的学习方式达到事半功倍的效果。

有效学习首先应该是聚焦目标的学习，时间、精力、资源要做到有的放矢；其次是在一定时间内学得多、学得好、学得快，是数量、质量、效率的有机统一；其三是有高效的学习方法，不是简单的刻苦学习，也不是简单的知识学习，要会学、会思考、会提升、会升华；其四是要乐学，学习在不断取得进步中不断激发兴趣，要想学、善学、乐学。课程教学应该把培养学生有效学习能力作为课程教学目标。

目标问题导向教学实践中注重培养学生有效学习能力。一是明确告诉学生课程教学在能力和素养方面的目标以及教学过程中为实现教学目标所采取的相应策略。教师要聚焦课程教学目标，进行深度教学改革，实施有效教学，激发学生学习兴趣，使学生由被动学习变为主动学习，促进学生有效学习。二是通过目标问题的思考、学习、讨论、交流等有效的学习体验，引导和培养学生课前对基本问题的学习、思考、测试和准备讨论提纲，通过参与教师对重点、难点、实践和拓展等问题的讲解或组织讨论、交流，让学生在对目标问题的思考学习过程中，逐步建立适合自己的学习方法。三是帮助学生逐步养成思考问题的习惯，提升分析问题和解决问题的思维能力、应用知识能力及实践创新能力，引导学生围绕知识点不断构建和丰富自己的知识体系，培养学生提出好问题、高质量问题的能力，帮学生建立学习自信，使学生持续保持学习热情。四是把培养学生有效学习能力作为课程教学目标，通过改革教学评价，把对有效学习的能力的评价作为教学评价的一个方面。

6.7 教师主导观

教与学是一对充满矛盾的教学活动统一体。从教学过程看，教师应该是学生探索前行的铺路人、引路人，是学生登高远望的梯子，是教给学生人类文明、科学知识、道德准则和行为规范的传播者，因此，教师在教学过程中居于主导地位。

目标问题导向教学实践中，教师必然要充分发挥主导地位作用，主要体现在四个方面：

一是主导设定课程教学目标。需要教师发挥主观能动作用，在充分分析课程特点、课程在专业课程体系中的位置和地位以及专业人才培养目标等因素的基础上，明确提出以能力培养、价值塑造、素质提质提升为主要内涵的课程教学目标。

二是主导设计教学目标问题。教师应该从实现课程教学目标出发，结合课程知识体系学习要求，设计五类目标问题。毫无疑问，教师对教学目标的“念兹在兹”越深、越强烈，教师就会越用心设计富有目标针对性、富有特色、富有吸引力的教学目标问题。

三是主导教学组织。无论是课前基本问题等目标问题的推送，课中教师讲解或组织讨论，还是课后部分问题的继续学习，均要求教师围绕教学目标有针对性地进行思考和安排，并跟踪检查学习效果。同时，针对不同问题，也要有针对性地选择教学方法，从而确保学习效果。

四是主导教学自我评价。教学目标是教师自己设定的，只要教师心心念念总想着目标实现得怎么样，教师一定会在自我教学评价中发挥好主观作用，在具体教学过程中，设计知识、能力和素质方面的针对性评价要求，并及时评价、及时反馈，指导优化目标问题设计和优化教学过程组织。

6.8 学生发展观

学生发展观就是全体学生的全面发展，不仅注重知识学习，也注重能力培养和素质提升，更注重学生道德培养和价值塑造，促进学生全面发展，以适应不断发展的社会需要和未来的挑战。

目标问题导向教学理念的学生发展观主要体现在以下几点：

一是目标问题导向教学理念本身具有明确、清楚、全面的课程教学目标。目标问题导向教学理念的目标涵盖认知水平、知识建构、思考思维、应用实践、批判创新、道德品行、价值塑造、社会交往等多面综合能力和综合素质的要求，符合人的全面发展要求。

二是目标问题导向教学模式面向全体学生，促进学生个性化发展。在五类目标问题中，基本问题、重点问题及难点问题或者说教师讲解和组织学生讨论的问题主要面向全部学生，解决完成知识体系的学习问题；实践问题、拓展问题或者说要求学生课后完成的学习问题中，部分面向有个性化发展需求的学生。

三是目标问题导向教学模式着力打造学生深度参与的课堂。目标问题导向教学模式明确提出学习目标重点不仅是知识的获得，而更应是能力培养，包括思考思维能力、解决问题能力、协作能力和创新能力。目标问题导向教学实践中，围绕六个环节加强打造思辨、学生深度参与课堂，促进学生有效学习。六个环节包括：围绕课程目标，精心教学设计；激发兴趣，学生深度参与；引发思考，提高认知能力；培养思维，构建认知结构；整合资源，创设教学情境；注重能力培养，促进有效学习。

6.9 价值塑造观

价值塑造观就是价值观塑造。“塑造”一词的涵义是“用石膏等可塑材料制作而成的人物形象或用一定的艺术手法或语言文字来刻画人物形象”。其中的“人物形象”是目标要求，也就是塑造在实施塑造者心中首先要有一个“模板”。世界各国的教育均有其价值塑造要求。在我国“培养什么人”“怎样培养人”“为谁培养人”是教育者实施价值塑造的根本要求，爱国情怀、理想意志、担当作为、文化自信、人文精神等是价值塑造的基本内涵，培养能够自觉认同和有能力践行社会主义核心价值观的适应社会发展需要的人才是本质目标。

目标问题导向理念和模式的价值塑造观体现在三个方面：

一是目标问题导向突出价值塑造的目标与课程教学目标的一致性。目标问题导向教学模式明确把家国情怀、理想意志、人文关怀、实践创新、担当作为等作为课程教学目标与价值塑造的内涵要求完全一致起来。把价值塑造在目标导向下，全方位全过程融进教学目标设定、教学设计、教学内容整合、教学方法选择、教学组织、教学管理等各个环节。

二是目标问题导向强调塑造他人与塑造自我的一致性。教师要在教学过程中实现学生的价值塑造，首先应该把自己塑造成“模板”，把自己塑造成道德情操高尚、学术水平高深、敬业精神极强的学生最尊敬的“人物形象”，让学生心甘情愿接受你的“塑造”。要顺利完善地实施目标问题导向教学模式，需要教师不断地挑战自我、完善自我，教师一旦定下“激发兴趣、引发思考、训练思维、启迪智慧、有效教学、家国情怀、理想意志、人文关怀、实践创新、担当作为”等教学目标，就要在教学内容重构、目标问题设计、课程思政融入、教学方法运用、教学组织形式等教学环节上针对性地下足功夫，让教学过程中师生能够同频共振，同步实现知识传授、能力培养和价值塑造。

三是目标问题导向强调教师自我教学评价与课程教学目标的一致性。教学评价的主要依据是教学目标，设定什么样的课程目标与课程特点及教师个体又有一定的关系，而教师个体和课程特点只有教师自己最清楚、最了解。教师的课程教学目标应该具有显著的内生性特点，如果是外界附加的、要求的教学目标，很有可能在教师的实践思维上，不自觉地打了一定的折扣。如果是教师内生的教学目标，实践目标的主动性、自觉性必然会强烈得多。通过制订教学评价管理办法，鼓励和促进教师进行自我教学评价，激发教师内生动力，确保教学过程紧扣知识传授、能力培养和素质提升（价值塑造）三位一体目标，确保教学评价目标与教学目标的一致性。

6.10 目标导向观

目标一词的涵义是指射击、攻击或寻求的对象，也指想要达到的境地或标准。无论做什么事，或人的一生或人生的不同阶段，均应有一定的目标追求，就像射击和打靶子一定要找准靶子等对象一样，否则必然一事难成乃至一事无成。目标的设定既要尊重客观，更要充分表达主观追求。尊重客观主要是尊重客观实际和现实需要；主观追求是目标设定者自己在对客观认识的基础上，提出的心心念念、念兹在兹、可实现的主观设想。目标像指南针，指引奋斗的方向；目标也像罗盘，把牢努力的方向；目标更像路标，指明前进的方向。

目标问题导向教学理念的目标导向观体现在三个方面：

一是目标问题导向教学理念的目标导向观尊重客观实际。现实的教学实践游离于“三大目标”要求，对课程教学目标细化思考较少已是较为普遍现象，而这一现象紧密关联教改质量、关联人才培养质量。目标问题导向强调尊重教学客观实际，强调在传授知识过程中更突出能力培养和价值塑造、素质提升，明确要求把“激发兴趣、引发思考、训练思维、启迪智慧、有效教学、学生中心、人文关怀、有效学习、理想意志、家国情怀、沟通表达、团队协作、实践创新、担当作为”等作为课程教学目标。据此课程教学目标设计相应的目标问题，用目标问题组织教学，导向课程目标的实现。

二是目标问题导向教学理念的目标导向观强调发挥目标提出者的主观作用。主观作用主要表现在行动上，目标提出者提出念兹在兹的目标，充满激情笃定行动。内生的明确的目标设定将激发产生一种强大的潜在力量，给目标提出者带来勇气和信心，激励目标提出者面临挑战和困难时，不妥协、不气馁，顽强应对挑战和克服困难，直到行动成功和目标实现。

三是目标问题导向教学理念的目标导向观强调教学各环节发挥协同关联作用。目标问题导向教学模式围绕知识体系，依据课程教学目标要求，设计教学目标问题，用目标问题组织教学，并对目标问题学习情况进行针对性教学评价。教学目标问题的设计，既要能重构教学内容，巧妙融入课程思政，更要突出隐性知识问题和思维导图问题设计，帮助学生在思维训练过程中实现深度学习、知识建构、能力培养和素质提升。用目标问题组织教学（包括教师讲解和学生讨论），让学生在充满问题学习的氛围中，打造思辨课堂，培养学生思考思辨能力以及交流协作能力。对目标问题教学效果的评价与及时反馈，更能促进教师优化目标问题设计和教学组织，确保教学效果，实际上保障了目标导向作用的充分发挥。

第7章

“目标问题导向”30问

本书前6章分别介绍了目前课程教学存在的问题、目标问题导向教学理念、目标问题内涵及目标问题设计原则、目标问题导向课程教学模式、目标问题导向教学模式实践与特征、目标问题导向教学评价、目标问题导向教学观点分析等内容，为了便于阅读、理解和交流，本章列举了“目标问题导向”30问，并进行了简单回答。

1. 高等学校课程教学存在哪些应该改进或革除的现象以及存在这些现象的本质原因是什么？

答：目前，高等学校的课程教学存在“十多十少”现象，即：教师中心多，学生中心少；教师讲解多，学生参与少；满堂灌输多，启发思考少；依照课本多，拓展学习少；传授知识多，强化能力少；注重理论多，结合实践少；显性内容多，隐性内容少；注重共性多，体现个性少；应试模式多，综合评价少；教学内容多，教学设计少。

存在这些现象的本质原因：（1）教师对国家有关教育要求、学校办学目标以及专业人才培养目标，思考得较少，课程教学游离于上述“三大目标”之外。（2）对“三大目标”思考少，课程教学目标的内涵必然不够明确和清晰，围绕课程目标的教学设计也必然少或不够有效。（3）对于存在的教学“现象”，教师进行了广泛的教学改革，但目前尚无一揽子解决“十多十少”课程教学问题的适用且有效的模式，因而，许多教师教改积极性不高。

2. 课程教学目标应该有怎样的内涵？

答：课程教学的目标应该包括对教师教学表现的要求、学生学习表现的要求以及具体目标的表述，还应该包括课程内容、教学组织、教学方法、教学评价等方面的要求。综合教与学的要求，课程教学目标至少应该具有下列内涵：激发兴趣、引发思考、训练思维、启迪智慧、有效教学；学生中心、人文关怀、有效学习、理想意志、家国情怀；沟通表达、团队协作、实践创新、担当作为。

3. 什么是目标问题？

答：目标问题是围绕课程教学内容和课程教学目标要求而设计出来的教学问题。目标问题的“目标”与“问题”不能割裂开来理解，缺一不可。“目标”与“问题”的逻辑关系是修饰关系，而非并列关系。

4. 如何理解“目标问题”一词中“目标”二字的内涵？

答：“目标”本质上是知识、能力和素养三位一体的课程教学目标。但在“目标问题”的设计和组织教学中，更突出强调将培养学生高阶的思考思维能力、良好的思考思维习惯以及道德素养等作为“目标”的核心内涵。

5. 如何理解目标问题导向？

答：“目标问题导向”既不是目标导向，也不是问题导向。“目标问题导向”中的“导向”有两层含义，一方面目标导向教学问题设计，这里的目标应该是国家、学校、专业三个层面目标要求逐层传递和叠加后的课程教学目标，要求教师拥有非常清晰的课程教学目标。要达成什么样的目标，就应该设计什么样的教学问题。比如，如果把激发学生兴趣、启迪学生智慧和培养学生思考、思维、应用、创新等能力作为课程教学目标，教师一定要在这样目标导向下，深入研究教学问题的设计。另一方面是目标问题导向教学组织，目标问题设计后，怎么样组织教学？首先，要处理好课前、课中、课后的关系。课前学习什么问题，课中讲什么问题，讨论什么问题以及课后继续学习什么问题，均应做好教学安排。其次，调动学生深度参与教学，突出学生的中心地位。再次，对不同目标问题采用有效的教学方法。对于不同内容，不同能力素质目标要求，要有针对性地设计不同类型的项目，针对不同类型问题，应该用不同的教授方法和学习方法。

6. 什么是理念？理念具有哪些特征？

答：理念是主体基于对客体的科学反映，经过长期的理性思考及实践所形成的对于某一事物或现象的理性认识，是有明确价值取向与理想追求的观念体系。理念具有理论性、客观性、前瞻性、导向性、实践性、针对性、能动性及发展性等鲜明特征。

7. 如何简单理解理念的力量？

答：理念的力量可以从三个方面来理解，即可行、定向、聚力。

理念是可行的。理念的可行性，也可以称为理念的价值或目标的可实现性，取决于理念直面现实问题，反映现实需要；理念直面发展问题，反映事物本质；理念直面实践问题，反映实践目标。

理念是定向的。理念定向性取决于理念前瞻事物“应然状态”；理念明确指向事物发展目标；理念具有明确价值取向。

理念是聚力的。理念可以产生难以想象的强大力量，或者说拥有先进理念的人会拥有无穷无尽的力量。理念所产生的力量是多方面聚合起来的。理念所聚之力来源于：理论指导实践，理论指导力；目标导向实践，目标导向力；价值引领实践，价值引领力；能动深化实践，激发内生力。

理念的目标是有方向性的，目标实现的可能程度与理念主体对事物本质认识和掌握相关，理念目标可以说是个人价值“矢量”；价值取向也是有方向性的，价值取向要反映和符合社会发展的客观规律，是社会价值“矢量”，所以说理念是个人价值“矢量”与社会价值“矢量”的合成“矢量”。理念主体目标的内涵与价值取向所指向的价值目标内涵高度关联，因此，个人价值“矢量”与社会价值“矢量”基本同向，且都以事物“实然状态”的现实问题为起点，所以理念“合力”最大，让理念充满效能，成为力量的源泉。

8. 为什么称“目标问题导向”为课程教学理念？

答：将“目标问题导向”称为课程教学理念基于三个方面原因：

一是“目标问题导向”客观分析总结了目前教育教学质量存在问题的现象和根本问题以及教师教改效果不好和教师教改积极性不高的问题，指出了把培养学生高阶的思考思维能力、良好的思考思维习惯以及道德素养等作为课程教学目标的核心内涵，“目标问题导向”可以将教学导向应有的“应然”状态。

二是“目标问题导向”理念具有一般理念的客观性、实践性、抽象性、全面性、预测性和导向性等特征。

三是“目标问题导向”课程教学理念经《石油炼制工程》《石油化工工艺学》《化工仪表及自动化》《化工原理》《审计学》《大学物理》《通信原理》《大学英语读写（一）》《混凝土与砌体机构（一）》《高级财务会计》《形势与政策》《中西乐器（主修）古筝》等50多门国家级、省级以及校级一流课程或教师自发的教学实践证明，可以解决上述所分析的目前教育教学中存在的问题。

教学实践表明，“目标问题导向”课程教学理念能很好地激发教师教改积极性，有效指导“以学生为中心”教学设计和教学组织，能处理好知识学习与能力素养培养的关系，强化学生知识应用和培养思考、思维、创新能力，有效解决了课程教学中存在的问题。

9.“目标问题导向”理念的特征是什么？

答：深刻分析“目标问题导向”理念对课程教学实践的激励和指导作用，“目标问题导向”理念具有如下非常明显的理念特征。

（1）客观性。课程教学效率不高、教学过程游离于目标要求之外、教师教改积极性不够高且缺乏针对性的教学理论指导，这些都是目前教育教学中存在的客观问题。“目标问题导向”理念反映了这一客观需要。

（2）实践性。“目标问题导向”理念来源于对教学现状存在问题的深刻认识和思考，能有效指导具体的教育教学实践，经教学实践检验是非常正确的和适用的。

（3）抽象性。影响课程教学质量的因素有很多。“目标问题导向”理念透过复杂的现象把握到“可视”“可摸”“可感”的普遍性、本质性规律。理念可深层次、全面地反映现实，理性地解释现实。

（4）全面性。“目标问题导向”理念全面反映了围绕目标的教学设计、课程教学过程与组织、教学方法、教学情景设计等方面存在的教学问题。不仅能够真实反映课程教学中存在的实然状态，还能够规律性指向课程教学的应然状态，体现了目标问题导向课程教学理念的全面性。

（5）预测性。“目标问题导向”理念主要内涵是要围绕国家、学校、专业等目标要求，设计教学问题，用教学问题来组织课程教学。它是对课程教学存在的各种影响质量的因素的一次头脑加工、思维抽象，是课程教学本质、内在联系的规律性的认识，对课程教学中许多具体现实能够真实地反映，体现了其预测性。

（6）导向性。“目标问题导向”理念能有效指导教学实践，成为检验课程教学是否有效教学的一个标准，理论的合理性又需要实践检验，这样就形成一个循环互检的过程。目标问题导向课程教学理论与课程教学实践在循环互检中不断修正完善，最终引导教学实践不断逼近人才培养目标，体现了“目标问题导向”理念具有很强的导向性。

10. 目标问题导向教学理念与OBE理念有什么异同？

答：先简单介绍一下两个理念的基本内涵。

OBE教学理念：OBE理念是世界上公认的先进教育理念，也叫成果导向教育，是指基于学习产出的教育模式。OBE理念关注五个问题：

（1）让学生取得什么样的学习成果？（2）为什么要让学生取得这样的学习成果？（3）如何有效地帮助学生取得这些学习成果？（4）如何知道学生已经取得了这些学习成果？（5）如何保障学生能够取得这些学习成果？

目标问题导向教学理念：这是由本书作者最新提出的一种课程教学理念。理念的核心思想是聚焦目标开展课程教学。围绕目标设计目标问题，把目标要求融合于课程内容体系转化为目标问题体系。用目标问题组织课程教学，将课程教学导向到课程教学目标的高度达成上来，导向到对专业人才目标的高度贡献上来，导向到学校办学目标、国家教育目标的精准要求上来。

OBE 教学理念和目标问题导向理念均以成果（目标）为教学的出发点和落脚点，均关注学生的学习所得。OBE 教学理念更多聚焦于从宏观上加强人才培养、教育教学的顶层设计。目标问题导向理念首先聚焦微观层面的课程，主要是课堂教学创新改革，理念与实践紧密结合，有被教师乐于接受的具体的、清晰的、有效的课程教学模式。

11. 什么是教学模式？

答：教学模式是在一定教学思想或教学理论指导下建立起来的较为稳定的教学活动结构框架和活动程序。作为结构框架，突出了教学模式从宏观上把握教学活动整体及各要素之间的关系和功能；作为活动程序，则突出了教学模式的有序性和可操作性。教学模式具有理论性、目标性、操作性、稳定性、开放性等特点。

12. 本书作者所理解的教学模式内涵是什么？

答：本书作者所在教学团队从“易为一线教师理解和接受”出发，更多地从教学实践角度把教学模式理解为：首先，教学模式设计者和实践者非常清晰且执着融合知识、能力和素养于一体的教学目标；其次，围绕教学目标，教师要有一个明确的“教师 - 学生 - 教材”三者之间相互关系的结构框架，要落实好教师主导（围绕目标的教学设计）、学生中心（以培养学生能力和素养为核心目标）和教材辅助（有规律地重构教材内容，便于组织教学）三方面功能。再次，按“课前（线上）- 课中（教师讲解或学生讨论）- 课后作业 - 教学评价”的程序完成重构教材内容的教学与学习。

13. 目前特别是在国内主要研究与实践的教学模式有哪些？

答：（1）基于问题学习（PBL）教学模式；

（2）目标导向教学模式（BOPPPS）；

（3）“5E”教学模式；

（4）混合式教学模式；

（5）翻转课堂模式（FCM）；

（6）对分课堂教学模式。

14. 目标问题设计原则是什么？

答：目标问题导向教学模式更强调教学设计，目标问题设计是目标问题导向教学模式教学设计的重要内容和重要基础。为设计高质量的目标问题，要贯穿八个目标问题设计原则。**一是目标原则：**一切教学活动特别是教学问题均应体现教学目标，目标既是出发点，也是落脚点。教学目标既要体现国家、学校、专业对人才培养目标的要求，更细化知识、能力和素质三方面要求作为课程教学目标，用细化的课程目标引导目标问题的设计。**二是问题原则：**提出问题比解决问题重要。要教会学生善于提问题，教师首先要善于设计目标问题。高质量的目标问题不仅会促进学生思考，更可能激发学生学习兴趣，促进学生自主学习。问题原则还体现在将学生置于问题之中，将课堂置于问题之中，将学生思维聚焦于问题之中。**三是综合原则：**问题设计应体现综合素质要求，注重自主学习、思考、应用知识能力培养，包括课程思政、价值认同等要求。目标问题在内涵上要体现基础内容与要求、重点内容、难点内容、应用实践以及前沿拓展方面的内容。目标问题设计时，尽量注重文理工交融、突出应用实践创新、强化思政自然渗透。**四是突出思维原则：**问题设计要突出思维能力培养，突出通过思考思维训练强化知识之间的联系。问题的表达方式要尽量用开放性思维表达形式，而不要用内涵相对固化的表达。多采用“用思维导图分析什么是------？”形式，而少使用“什么是------？”形式。**五是知识循环递进原则：**学好基本知识很重要，特别是对基本概念、基本原理、基本方法的学习，是建立良好学科素养的基础条件，也是建立学科科学思维的基础条件。将核心知识点的学习目标问题化，通过不同形式目标问题的设计，使知识点在不同目标问题中不断循环递进出现，也可在不同单元的目标问题特别是基本问题中重复出现。让学生对课程核心内容理解、记住、懂应用、懂创新。**六是个性原则：**对基础知识、重点、难点内容的有效学习，基本上已经达到课程对专业能力的普遍支撑，而实践及拓展内容则更多考虑满足个性化学习要求。**七是系统原则：**目标问题设计要有系统性、阶梯性，包括基本知识、重点、难点、实践及拓展等多层次系统内容。重点、难点、实践及拓展问题多为基本知识升华形态的问题。**八是过程评价原则：**不是强调而是强化学生对基础知识、基本原理、基本理论的学习和应用。在重难点内容、实践内容和拓展内容学习中强化基础知识的应用。要跟踪评价学生在问题学习中的表现，包括自主学习态度、独立思考能力等，将学生的学习表现反馈到目标问题设计环节中去。

15. 五类目标问题的内涵是什么？

答：根据目标问题设计的原则要求，目标问题内涵应体现基本知识、重点内容、难点内容、实践及拓展方面的要求。因此在目标问题导向模式教学实践中，针对课程的特点，可以采用设计基本、重点、难点、实践和拓展五类问题形式。

（1）基本问题：应知应会、给出答案；促进自学、课上不讲；挤掉水分、铸造金课。前一次课中反映同学们在学习中存在的问题要在下一次课中设计为基本问题形式呈现，帮助学生进一步理解消化重难点问题。

（2）重点问题：必须掌握的内容。通过阅读自学，可找到答案。此类问题多为隐性问题或设计为思维导图问题，以教师讲解为主。

（3）难点问题：通过阅读自学，可找到似懂非懂的答案。设计时应注重技巧、引发兴趣。此类问题也多为隐性知识问题或设计为思维导图问题，以教师讲解和组织讨论为主。

（4）实践问题：所学知识在日常生活及国民经济中的重大应用。或应用知识解决实际问题，以组织讨论和指导课后学习为主。

（5）拓展问题：或是多素质综合问题，或是多重点、难点综合问题以及学科前沿问题，等等。以组织讨论和指导课后学习为主。

16. 目标问题的教学方法有哪些？

答：目标问题导向教学模式的教学实践中均以思考和解决问题为教学要求，所以目标问题导向教学整个过程均贯穿探究式教学法的教学要求。设计好五类目标问题后，在教学过程中，结合所设计的问题所反映的教学内容及问题类型，为保证较好的教学效果，可采取灵活多样的教学方法。

基本问题：主要采用自学辅导法，学生线上或线下自主学习教师准备基本问题学习资料（主要是基本问题的答案），预习思考其他四类目标问题，教师通过学习平台答疑辅导。学生要准备好讨论的问题的讨论提纲。

重点问题及难点问题：分教师讲解和组织讨论两部分。教师讲解多运用思维导图形式，采用启发式教学法，将一个重点问题或难点问题，层层剖析，循序渐进，解析透彻，训练和培养学生多维度解析同个问题的高阶思维能力。组织讨论的重点问题或难点问题采用讨论式教学法，小组讨论、班上交流汇报、教师点评，培养学生团队协作、语言表达能力。

实践问题：多采用案例教学法。寻找、挖掘与所讲知识体系关联的生产生活、经济社会中发生过的典型案例。通过教师讲解或组织引导学生对案例进行调查、阅读、思考、分析、讨论和交流等，提高学生分析问题和解决问题能力。对于工程实践问题，也可请产业界的工程师，采用教师 - 工程师或学生 - 工程师对话教学方式。

拓展问题：要视具体拓展问题的内容，采用项目教学法或案例教学法。项目教学法，要求学生查阅资料，以作业形式完成拓展问题的学习，教师对完成情况进行点评。

17. 目标问题导向教学模式的结构框架是怎样的？

答：目标问题导向教学模式的教学活动结构框架如图 3-3 所示。聚焦课程教学目标和五类目标问题，明确界定教师、学生、教材三要素之间的关系以及各自发挥的功能作用。

教师：主导作用。明确细化课程教学目标，设计五类目标问题，用目标问题组织教学，明确教学方法。

学生：中心地位。学生是课程目标和五类目标问题聚焦的对象和中心。细化的教学目标要求教师教学能够激发学生兴趣、调动积极性，发挥主动性，引导学生学会有效学习。

教材：基础作用。为设计五类目标问题提供知识体系依据，是学生学习五类目标问题的重要参考资料。教师要进行教材重构，在知识体系基础上拓展至能力、素质及前沿领域。

18. 目标问题导向教学模式的实施过程是怎样的？

答：目标问题导向教学模式的实施过程主要由确定课程目标、设计目标问题、用目标问题组织教学（教学过程）、教学评价等四大步骤

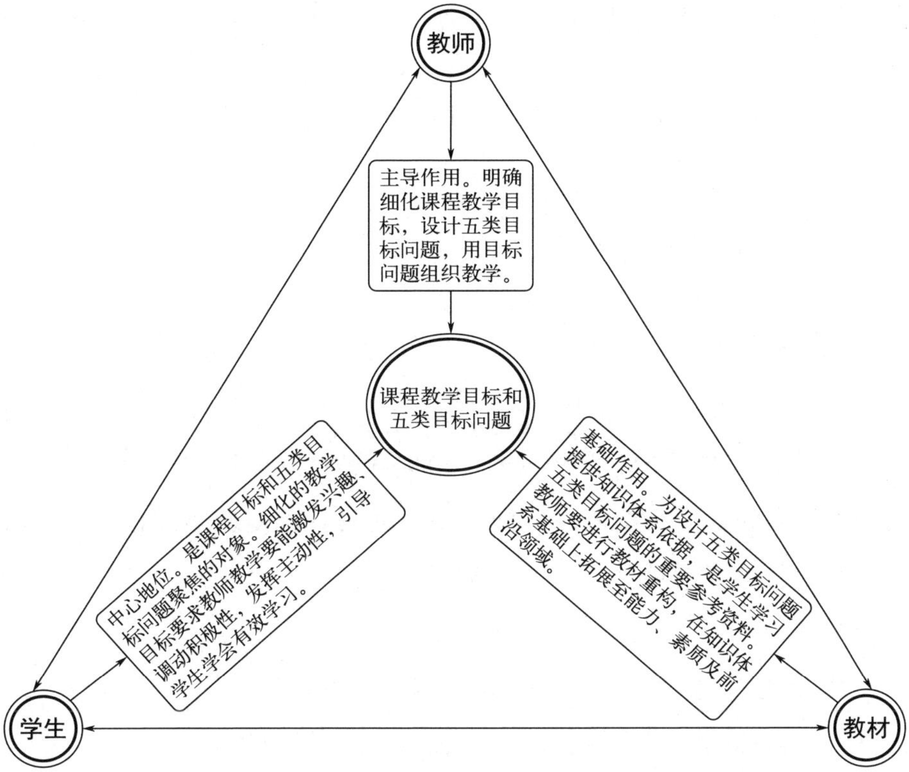

图3-3 目标问题导向教学模式的教学活动结构框架

组成。其中确定课程目标、设计目标问题两个步骤明确教学模式的结构框架，明确教师、学生、教材三个要素的关系和功能；教学过程和教学评价是教学组织的具体程序。具体地讲，目标问题导向教学模式的教学活动程序包括课前目标问题推送与学习、课中部分重点难点等目标问题讲解、课中部分重点难点等目标问题的讨论与汇报交流、课后完成部分目标问题作业，以及教学过程评价。

19. 与现行教学模式相比，目标问题导向教学模式具有哪些特点？

答：与现有的基于问题学习（PBL）教学模式、目标导向教学模式（BOPPPS）、5E 教学模式、混合式教学模式、翻转课堂模式（FCM）

和对分课堂教学模式相比，目标问题导向教学模式具有这样六方面内涵特征：

（1）教学目标更加细化

（2）教学设计聚焦问题

（3）要素关系清晰可见

（4）教学结构完整有序

（5）教学方法灵活多样

（6）教学实践易于操作

20. 目标问题导向教学模式有哪些实践特征？

答：实践证明目标问题导向教学模式具有重构教学内容、融入课程思政、打造思辨课堂、培养思辨能力、推进三全育人、建设高质金课等实践特征。

21. 目标问题导向教学模式如何重构教学内容？

答：目标问题导向课程教学模式首先要设计目标问题，将课程教材的内容转化为目标问题体系。把传统的讲课程内容转变为讲目标问题。由于教师在课中不讲五类目标问题中的基本问题。同时，由于围绕课程目标设计问题、教师讲解、学生思考和解决问题，特别易于融入对目标有较强支撑度的最新的前沿的社会经济和科技发展的信息或成果，所以，目标问题导向教学模式通过重构教学内容，把传统的讲教材转化为讲课程。

22. 目标问题导向教学模式如何融入课程思政？

答：明确和细化课程教学目标是设计优质目标问题的基础。当教师带着培养学生道德文化素养、价值塑造等教学目标设计问题时，问题设计的针对性以及思政素材的挖掘和融入教学过程一定会自然得多。问题设计的形式是多样化的，思考和回答问题是多层面和多角度的。所以，通过设计和运用目标问题组织教学，极易于融入课程思政。

23. 目标问题导向教学模式如何打造思辨课堂？

答：激发学生兴趣和启迪学生智慧是目标问题导向教学模式明确提出的教学目标。这一目标，传统课堂难以做到。采用目标问题导向教学模式时，同学们在学习过程中，在时空上始终置身于充满目标问题的环境之中。课前问题推送，使同学们带着对问题的思考走进课堂；课中教师讲解问题、组织讨论问题，使同学们对问题思考和学习更深入；课后同学们带着问题走出课堂。所以，采用目标问题导向教学模式有助于打造思辨课堂。

24. 目标问题导向教学模式如何培养思维能力？

答：培养思考思维能力是目标问题导向教学模式极力主张的一个课程教学目标。培养学生用思维承载知识，不仅有利于知识的建构，还会使知识不易被忘记。目标问题导向教学模式通过将知识性问题（什么是黏度？简述催化裂化工艺流程？）设计成思维训练性的问题（用思维导图分析什么是黏度。用思维导图分析催化裂工艺流程），无论是教师讲解还是组织学生讨论，这一类问题都占较大比例。而且有时将一个知识点通过设计基本、重点、难点、实践和拓展问题，构成问题链。这些思维导图问题以及问题链的学习，必然有助于培养学生思考和思维习惯和能力，培养学生综合建构知识能力。

25. 目标问题导向教学模式如何推进三全育人？

答：仅凭任课教师一人，面对一本教材难以设计优质的目标问题。目标问题的设计需要坚持三全育人原则要求。

目标问题设计需教学团队成员、思政课专家以及相关管理部门、企业、校友代表共同参与，体现全员育人。

目标问题设计和教学组织特别是高质量思政元素的应用，需要调动协调校内校外多方优质资源，体现全方位育人。

从目标素质培养角度，需全过程不断循环往复，反复训练养成，体现课程教学全过程育人。

26. 目标问题导向教学模式如何促进建设高质金课？

答："金课"的特征就是"两性一度"。"金课"的高阶性要求就是课程教学不是简单的知识传授，而是要培养学生解决复杂问题的综合能力和高级思维。"金课"的创新性要求是培养学生探究、研究式学习能力，要引导学生的思维触角延伸到课本之外、学科前沿。"金课"的挑战度要求就是要求讲课内容有一定难度，需要教师认真投入情感备课才能准备好，学生需要努力跳一跳够得着才能完成。

目标问题导向教学模式通过设计基本、重点、难点、实践及拓展五类目标问题组织教学，设计的目标问题中注重融入思维导图问题、隐性知识问题、课程思政问题和学科前沿问题。学生能看懂的基础问题，给出答案要求学生课前自主学习，课上不讲，可以适度挤掉一些"水分"，提高课程含金量。课中教师重点讲解的问题多采用思维导图形式进行，组织讨论和交流汇报部分问题，课后学生还要完成部分思维导图问题、隐性知识问题学习，非常有针对性地培养学生探究式、研究式学习和思维习惯，使课程教学具有鲜明的高阶性和创新性。在教学内容处理上，像什么是黏度、什么是挥发性、什么是黏温特性、什么是中国特色社会主义和什么是创新等概念性知识性内容归为基本问题，而用思维导图分析什么是黏度、用思维导图分析什么是挥发性、用思维导图分析什么是黏温特性、用思维导图分析什么是中国特色社会主义和用思维导图分析什么是创新等归为重点、难点内容需要教师重点讲解分析，也需要同学深入思考探究甚至是研究式学习，对教师和学生均具有一定的挑战性。总之，目标问题导向教学模式有助于建设高质金课。

27. 什么是教学评价及其主要目的？有哪些主要原则？

答：教学评价是一种价值评价活动，它以教学目标为依据，通过多种方式系统地搜集各种信息，对教学活动的过程及其效果进行测定、衡量、判断，并反馈指导改进教学过程。教学评价的目的：一是教学评价的本质要求或根本目的应该是“立评立反立改”。二是评价教师的主导作用。三是评价学生的主体地位。教学评价的原则：目标导向原则、注重过程原则、教师主导原则、学生主体原则、以评促改原则。

28. 目标问题导向教学模式教学评价要求？

答：目标问题导向教学模式在教学目标、教学内容、教学方法、教学组织、教学效果等五方面提出了具体教学评价要求。

教学目标方面：不只简单地要求教学目标明确、具体、可衡量，而把激发兴趣、引发思考、训练思维、启迪智慧、人文关怀、有效教学、有效学习等作为教学目标。教学内容方面：不仅简单要求内容准确、充实、有深度、体现学科特点和发展趋势，而且把目标问题设计质量作为评价内容。教学方法方面：不仅仅把“教学方法灵活多样”“注重学生能力培养”等作为评价要求，而是根据目标问题的类型及内容评价因问题需求而变化多样的教学方法。教学组织方面：要求用目标问题组织教学（教师讲解和组织讨论等），教师讲解的重难点问题，要基本覆盖知识体系主要内容。教学效果方面：更加注重对目标问题教学的过程评价。

29. 教师怎样进行自我教学评价才更有效？

答：教学评价是保证教学质量不可缺少的重要环节之一。然而教学系统牵涉因素多，影响教学质量因素也多，教学评价难度较大，采取怎样的教学评价形式更有效？基于目标问题导向教学模式的深入和广泛的实践，本文作者更倾向于采用教师自我进行教学评价，由于这方面更深层次涉及教学管理问题，所以文中没有展开讨论。

有了明确和细化的教学目标，教师自行开展的教学评价必然更贴近教学本质和教学实践要求，更易操作，效果更好。这种情况下，如果教育主管部门通过制订教师自我教学评价指导意见以及制订评价教师自我教学评价的办法，则可深入推进教师自我评价教学工作。

30.“目标问题导向”蕴含哪些教学观点？

答：深入分析目标问题导向理念及目标问题导向教学模式存在思考能力观、科学思维观、激发兴趣观、启迪智慧观、有效教学观、有效学习观、教师主导观、学生发展观、价值塑造观、目标导向观等十个方面的观点。

附　录

附录1

第 3 章第 3 节油品的黏度及低温特性的五类目标问题中，第 3-4-21 问题的表 3-d、表 3-e、表 3-f。（表 3-d、表 3-e、表 3-f 出自徐春明、杨朝合主编《石油炼制工程》第五版 P70 的表 3-8、表 3-9 和表 3-10）

表3-d　烃类的黏度（25℃）

烃类	绝对黏度/mPa · s	烃类	绝对黏度/mPa · s	烃类	绝对黏度/mPa · s
正己烷	0.298	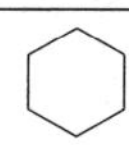	0.895	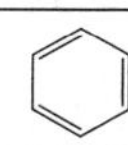	0.601
正庚烷	0.396	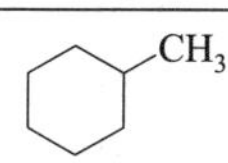	0.683	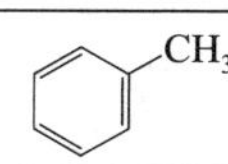	0.55
正辛烷	0.514	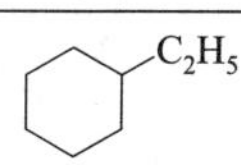	0.785	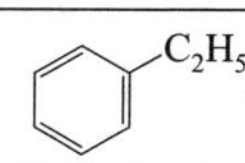	0.635
正壬烷	0.668	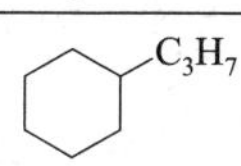	0.931	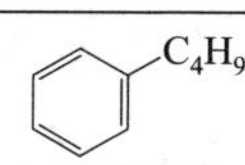	0.796
正癸烷	0.859	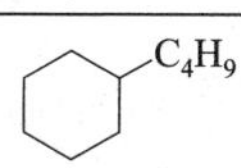	1.204	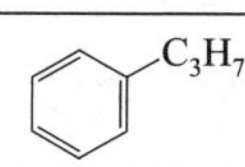	0.957

表3-e　烃类分子中环数对黏度的影响

化合物	运动黏度（ν_{98}）/mm²/s	化合物	运动黏度（ν_{98}）/mm²/s
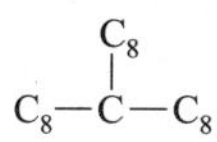	2.49	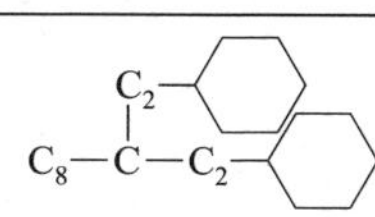	4.98
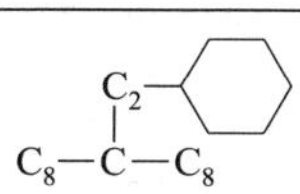	3.29	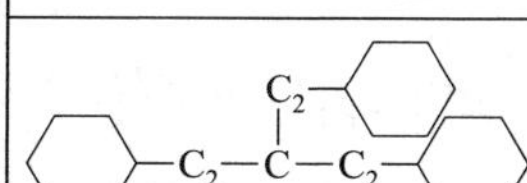	10.10

续表

化合物	运动黏度（ν_{98}）/mm^2/s	化合物	运动黏度（ν_{98}）/mm^2/s
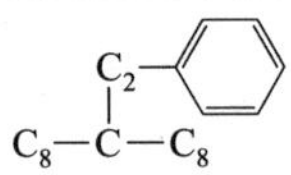	2.53	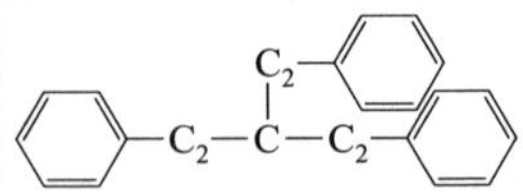	3.82
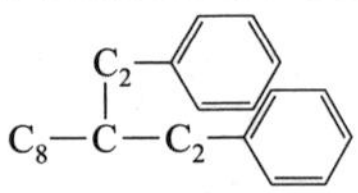	2.74		

表3-f　环状烃类分子中侧链长度对黏度的影响

化合物	赛氏通用黏度SUS（100℃）	化合物	赛氏通用黏度SUS（100℃）
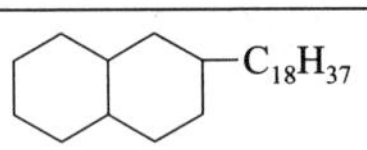	148.0	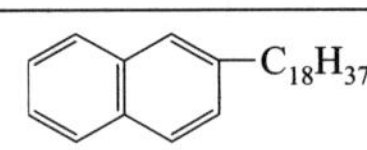	113.5
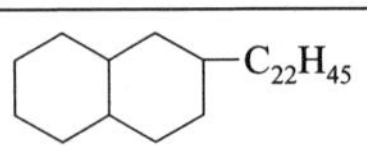	208.0	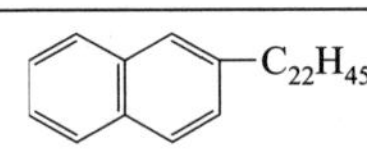	168.0

附录2

第 10 章催化重整的第 3 节催化重整化学反应的目标问题设计情况

有关符号说明：带◆号的 27 个基本问题，给出答案，课前推送。带▲号的为教师课中讲解问题。教师讲解问题的数目，也就是课程内容重构后，章、节名称中所谈问题的数目。带■号的为课中组织讨论的问题，学生要在课前准备讨论提纲。带★号的为课后需进一步完成的问题。问题的编号：章数 - 对应章的节数 - 对应节的问题数。

一、基本问题◆

10-3-1　催化重整的目的是什么

10-3-2　催化重整反应主要有哪些类型？哪些是有利反应？哪些是

不利反应

10-3-3　什么是六元环烷烃的脱氢反应

10-3-4　什么是五元环烷烃的异构脱氢反应

10-3-5　什么是烷烃的环化脱氢反应

10-3-6　什么是烷烃的异构化反应

10-3-7　什么是烷的加氢裂化反应

10-3-8　由图 10-a 简单描述重整生成油理论收率与辛烷值的关系。图 10-a 出自徐春明、杨朝合主编《石油炼制工程》第五版 P529 的图 10-2

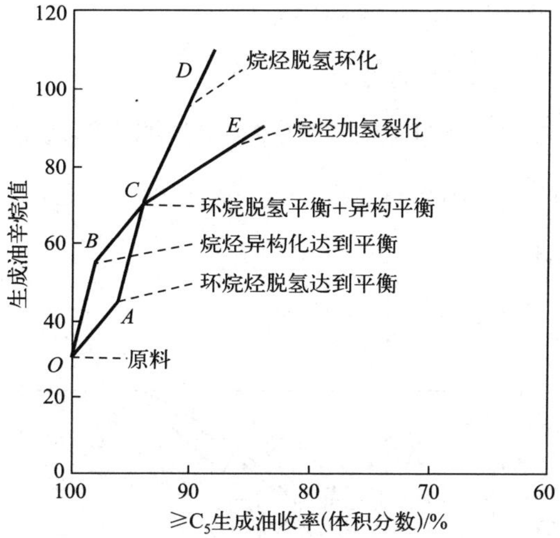

图10-a　重整生成油理论收率与辛烷值的关系

10-3-9　什么是芳烃潜含量？如何计算

10-3-10　什么是重整转化率

10-3-11　什么是反应热

10-3-12　什么是平衡常数

10-3-13 表 10-a 为环烷烃脱氢反应热与化学平衡常数（700K），请由此表写出 5 句描述性结论（表 10-a 出自徐春明、杨朝合主编《石油炼制工程》第五版 P531 的表 10-5）

表10-a 环烷烃的脱氢反应热与化学平衡常数（700K）

反应	反应热 /（kJ/kg芳烃）	反应热 /（kJ/mol芳烃）	化学平衡常数 K_P
环己烷 ⟶ 苯+$3H_2$	2821.9	220	1.81×10^4
甲基环己烷 ⟶ 甲苯+$3H_2$	2344.6	216	3.30×10^4
二甲基环己烷 ⟶ 二甲苯+$3H_2$	2001.3	212	1.77×10^5

10-3-14 简述什么是化学热力学

10-3-15 简述什么是化学动力学

10-3-16 简单介绍氢油比和空速概念

10-3-17 简单认识图 10-b（氢油比对甲基环己烷 - 甲苯 - 氢体系平衡组成的影响）（图出自徐春明、杨朝合主编《石油炼制工程》第五版 P532 的图 10-4）

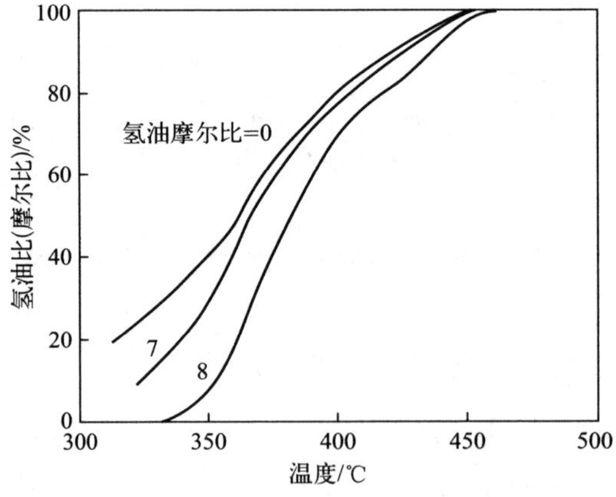

图10-b 氢油比对甲基环己烷-甲苯-氢体系平衡组成的影响

10-3-18　表 10-b 为六元环烷烃的脱氢反应（700K），请由此表写出 5 句描述性结论（表 10-b 出自徐春明、杨朝合主编《石油炼制工程》第五版 P533 的表 10-6）

表10-b　六元环烷烃的脱氢反应（700K）
[反应条件：铂催化剂，体积空速3h^{-1}，氢油比（摩尔比）4]

压力/MPa	温度/K	环己烷⟶苯		甲基环己烷⟶甲苯	
		产物中的苯/%		产物中的甲苯/%	
		试验值	计算平衡值	试验值	计算平衡值
2.17	700	70	72	83	85
2.17	756	90	89	92	96
2.17	783	93	95	—	—
4.23	700	33	31	48	45
4.23	783	92	94	—	—

10-3-19　表 10-c 为甲基环基环己烷异构脱氢反应的异构和脱氢两步反应的总反应热和总平衡常数，请由此表写出 5 句描述性结论（表 10-c 出自徐春明、杨朝合主编《石油炼制工程》第五版 P533 的表 10-7）

表10-c　700K和800K下的$\Delta Z^{\ominus}$和K_p值

温度/K	$\Delta Z_1^{\ominus}$/（J/mol）	总$\Delta Z^{\ominus}$/（J/mol）	总K_p
700	12812	−44292	1.98×10^3
800	16873	−79934	1.57×10^5

10-3-20　图 10-c 和图 10-d 分别为正己烷和正庚烷的重整反应体系平衡组成（图 10-c 和图 10-d 分别出自徐春明、杨朝合主编《石油炼制工程》第五版 P534 的图 10-5 和图 10-6）。试分析反应温度、压力和氢油比对烷烃脱氢环化为芳烃的平衡产率的影响

10-3-21　正庚烷在铂重整催化剂上可能发生哪些反应

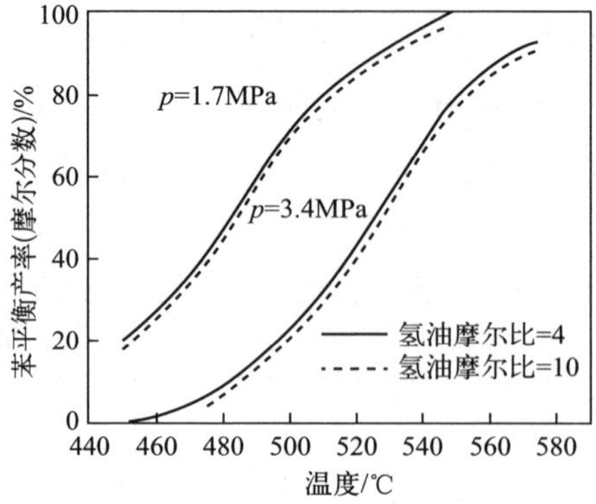

图10-c 正己烷-苯-氢体系的平衡组成

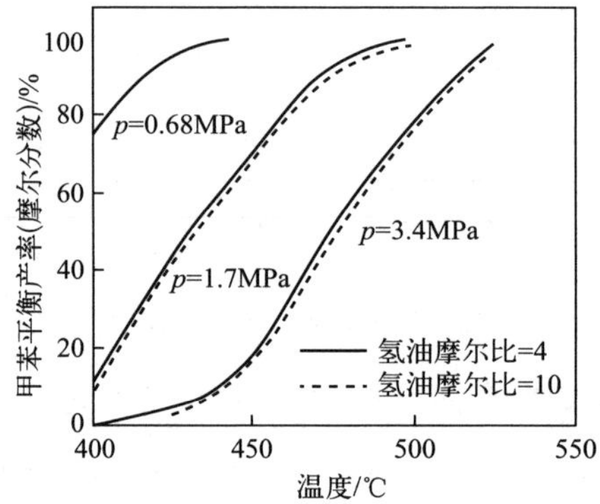

图10-d 正庚烷-甲苯-氢体系的平衡组成

10-3-22 相比六元环烷烃的脱氢反应，五元环烷的异构脱氢反应有什么特点

10-3-23 催化重整产生的廉价氢源主要来自哪些反应

10-3-24 烷烃的加氢裂化和氢解反应有什么区别

10-3-25 链烷烃环化脱氢反应有哪些特点

10-3-26 为什么说正构烷烃（比如正庚烷）脱氢环化反应是最理想的重整反应

10-3-27 简单分析影响重整反应的因素

二、重点问题

10-3-28　▲简要回顾化学反应热力学与化学反应动力学

10-3-29　▲简述催化重整主要反应的热力学与动力学特征

10-3-30　▲十问读懂图 10-a。图 10-a 为该重整原料（辛烷值为 31）经重整后得到的≥ C5 生成油理论收率与辛烷值的关系图（提示：重整原料在重整催化剂上进行六元环烷烃脱氢、五元环烷烃异构脱氢、烷烃环化脱氢、异构化、加氢裂化反应）。试回答下列十个问题

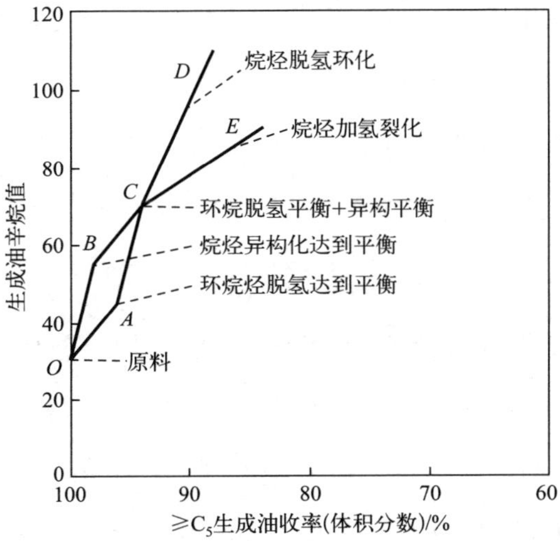

图10-a　重整生成油理论收率与辛烷值的关系

1）图中曲线 *OAC*、*OBCD*、*OBCE* 分别表示原料中哪种化合物的反应

2）*OA*、*AC* 主要表示什么反应？ *OB*、*BC* 又主要表示什么反应

3）*C* 点有什么含义

4）六元环烷烃脱氢平衡 *A* 点，辛烷值增加不大，为什么

5）*OA* 线斜率的意义是什么

6）*OB* 线的斜率为什么大于 *OA* 线的斜率

7）*AC*、*BC* 线斜率又揭示了什么化学反应本质

8）*CD*、*CE* 线的斜率的大小，对反应的控制条件，有什么指导作用

9）如果 *BC* 段仅表示烷烃环化异构反应，*AC* 段仅表示五元环烷烃异构脱氢反应，那么 *BC* 和 *AC* 能准确示意吗

10）从理论产率（即≥ C_5 生成油收率）、汽油辛烷值两方面讨论有效控制重整不同反应的必要性

10-3-31　▲用思维导图分析相比六元环烷烃的脱氢反应，五元环烷的异构脱氢反应有什么特点

10-3-32　▲用思维导图分析影响催化重整反应的主要因素有哪些

三、难点问题

10-3-33　■图 10-e 为正庚烷环化脱氢、加氢裂化和异构化反应转化率的关系，试分析正构烷烃的动力学反应特征（图 10-e 出自徐春明、杨朝合主编《石油炼制工程》第五版 P535 的图 10-7）

10-3-34　■描述正庚烷在铂 - 氧化铝重整催化剂上的反应特征。下图为涉及反应，条件 770K，1.48MPa 及氢油摩尔比为 5

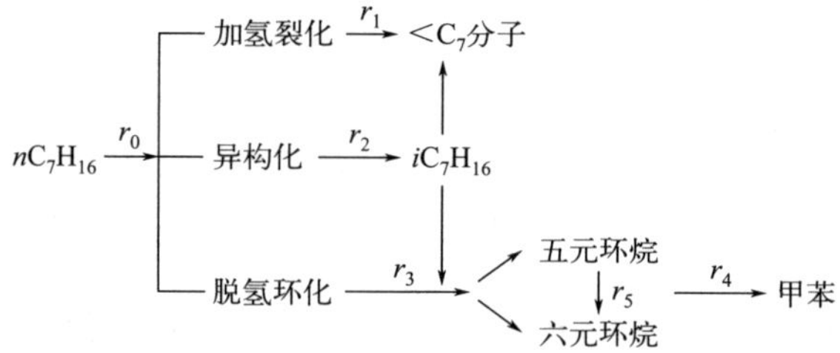

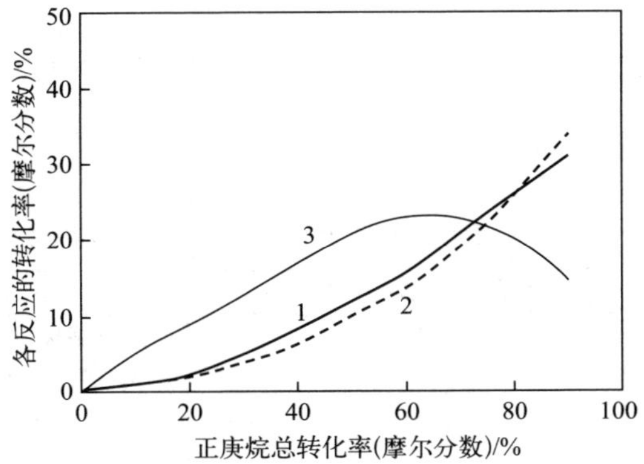

图10-e　正庚烷的转化

1—环化脱氢反应；2—加氢裂化反应；3—异构化反应

反应条件：温度769K；压力1.52MPa；氢油摩尔比5

10-3-35　■根据催化重整的反应特点，各反应类型对产物产率及性质的影响，以及反应条件对重整各反应的影响等方面进行分析。参考六元环烷烃脱氢栏目，完成表 10-d 中空缺部分

表10-d　反应条件对催化重整各反应的影响分析

反应		六元环烷烃脱氢	五元环烷烃异构脱氢	烷烃脱氢环化	异构化	加氢裂化氢解
反应特点	热效应	强吸热				
对产物产率及性质的影响	反应速率	很快				
	芳烃产率	增加				
	液体产物产率	略减				
	氢气产率	增加				
	产物辛烷值	增大				
参数增大时产生的影响	温度	促进				
	压力	抑制				
	空速	影响不大				

四、实践问题

10-3-36 ■某石蜡基原油的 60 ～ 130℃馏分的族组成如表 10-e 所示，试计算其芳烃潜含量

表10-e 某石蜡基原油的60 ～ 130℃馏分的族组成

组成		质量分数/%	组成		质量分数/%
烷烃	$<C_6$	0.7	环烷烃	二甲基环戊烷	4.7
	正己烷	14.6		甲基环己烷	11.5
	异己烷	4.9		乙基环戊烷	1.6
	正庚烷	16.1		C_8环烷烃	6.7
	异庚烷	9.9		总计	40.3
	辛烷	12.1	芳烃	苯	0.3
	总计	58.3		甲苯	0.9
环烷烃	环戊烷	0.5		C_8芳烃	0.2
	甲基环戊烷	6.4		总计	1.4
	环己烷	8.9			

五、拓展问题

10-3-37 ■★图 10-f 显示的是 C_7 烷烃反应的简化模型，其中 K1 代表五元环烷的异构化反应，K2 为六元环烷的脱氢反应，K3 为五元环烷烃的加氢开环反应，K4 为烷烃的加氢裂化反应，K5 为烷烃的脱氢环化反应。结合表 10-f 烃类重整反应的数据，试比较各类重整反应的反应速率

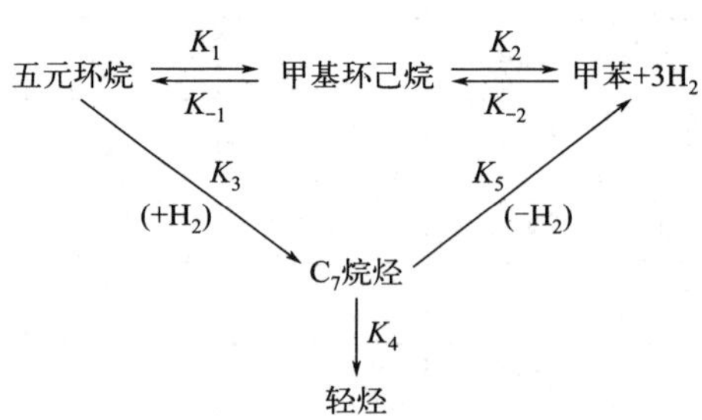

图10-f C_7烷烃反应的简化模型

表10-f　C_7烷烃的各类重整反应速度
（反应条件：510℃、1.75MPa、H/HC=6）

反应	活化能/（kJ/mol）	比速度/[mol/（h · g · cat）]
*K*1（环烷烃异构化）	52.3	1.7
*K*2（环烷脱氢）	60.2	14
*K*3（开环）	61.9	0.4
*K*4（加氢裂化）	130.1	0.27
*K*5（脱氢环化）	136.8	0.21

10-3-38　■★不同的连续重整装置其芳烃转化率不尽相同。有的连续重整装置芳烃转化率为130%，有的连续重整装置芳烃转化率则到达200%。试分析为什么会有如此大的差别？从原料性质、催化剂性能、反应条件方面考虑。芳烃转化率高达200%，是不是意味着有一半的芳烃是由烷烃转化而来

10-3-39　■★用思维导图分析本节主要内容及其与其他节内容的关系

附录3

《石油炼制工程》课程思政问题统计表　　（单位：个数）

章节名称	课程思政问题编号及名称	课程思政问题
第1章　四个问题谈绪论（小计）		（6）
第1章　四个问题谈绪论	1-0-13 什么是“五朵金花” 1-0-15 毛泽东主席在论十大关系中指出“要在茂名搞人造石油，那也是重工业”，请回答什么是人造石油 1-0-20 从“洋油”到“国Ⅵ”，简要概述我国石油工业的发展 1-0-21 用思维导图分析石油炼制技术发展有哪些主要趋势 1-0-22 用五句古诗谈如何学习《石油炼制工程》课程 1-0-25 从石油产品广泛应用的角度，分析石油炼制与国民经济的密切关系	6

续表

章节名称	课程思政问题编号及名称	课程思政问题
第2章　十九个问题谈石油化学组成（小计）		（9）
2.1　五个问题谈石油的一般性状、元素组成及馏分组成	2-1-10 从表2-a和表2-b，分析新疆吐哈原油和委内瑞拉（博斯坎）原油各有什么主要特点 2-1-20 用内因外因辩证关系原理分析为什么要学习研究石油组成和性质（从石油加工原则流程图中，分析为什么要学习石油组成和性质？） 2-1-26 透过表面现象看本质：原油一般具有浓烈的气味，思考造成原油带有浓烈气味原因 2-1-27 透过表面现象看本质：从各种原油颜色不同这一表面现象，思考造成原油颜色不同的原因	4
2.2　三个问题谈石油馏分的烃类组成	2-2-16 石蜡化学组成特征（校友企业） 2-2-22 液体石蜡的生产工艺及用途	2
2.3　四个问题谈石油中的非烃类组成	2-3-20 石油中非烃类化合物的存在对加工过程及产品质量有哪些危害	1
2.4　二个问题谈石油中的微量元素	2-4-7 微量元素分布及其存在形态	1
2.5　五个问题谈渣油及渣油中的胶质、沥青质	2-5-16 从石油组成看，将石油化学组成简单地打五个比方：1）可以用来表示石油馏分组成的单体烃，比作血统纯正的个体。2）将族组成比作血亲。3）将结构族组成比作姻亲。4）非烃类化合物比作外族入侵。5）微量元素比作环境带入。这个比方妥否？如何理解	1
第3章　二十二个问题谈石油及油品的物理性质（小计）		（10）
3.1　四个问题谈概述	3-1-16 简要谈谈对学习这一章的启示 3-1-17 石油及油品性质故事（千里测温？） 3-1-19 石油计量中的历史及科技、经济问题（桶与吨）	3
3.2　三个问题谈石油及油品的蒸发特性	3-2-16 简要分析混合物的蒸气压与分离过程能耗的关系（过程能耗与双碳问题） 3-2-17 在生产和生活中，利用物质挥发性差异（蒸气压不同）实现分离的例子可以说随处可见，试举三例，一是关于只能实现粗分离，像武松喝的酒。二是据性质要求，实现较精准分离，像今天的茅台。三是要实现很精准分离的，像分子级要求的。谈谈你的思考	2
3.3　五个问题谈石油及油品的重（质）量特性和特性因素	3-3-26 从中国知网查阅“石油分子工程接驳未来炼化”文献，谈谈你的感想（徐春明院士分子炼油方面研究成果）	1

续表

章节名称	课程思政问题编号及名称	课程思政问题
3.4　四个问题谈石油及油品的黏度及低温特性	3-4-10 从黏度的概念，分析黏度与动力输送的关系 3-4-25 从“千里油温-大庆精神永不磨灭”思考黏度与温度的关系	2
3.5　五个问题谈石油及油品的燃烧及热特性	3-5-18 分析石油被利用的物质基础（穷在闹市无人问）	1
3.6　四个问题谈石油及油品的临界特性	3-6-13 用思维导图分析为什么要研究石油及油品的临界状态特性	1
第4章　十九个问题谈石油产品（小计）		（9）
4.1　二个问题谈概述	4-1-12 简单（或举例）说说石油产品质量的重要性（思政，质量与安全）	1
4.2　四个问题谈汽油	4-2-17 汽油质量不断升级换代，清洁汽油的品质关注哪方面指标 4-2-23 ▲由苏轼的琴诗仿作了汽油诗，由此分析汽油与汽油机关系 琴诗（苏轼） 若言琴上有琴声，放在匣中何不鸣？若言声在指头上，何不于君指上听？ 汽油诗（汽油与汽油机关系）（广油院教师） 若言汽油能驱车，没有马达行不行？若言马达本领大，未见啥油都能饮？	2
4.3　三个问题谈柴油	4-3-10 生物柴油特征	1
4.4　四个问题谈喷气燃料	4-4-24 查文献，简述我国航空煤油的研究现状	1
4.5　五个问题谈润滑油	4-5-33 润滑油基础油的生产工艺 4-5-35 查文献，说明我国润滑油与国外润滑油存在的差距	2
4.6　六个问题谈燃料油、石油沥青、石油蜡和石油焦	4-6-28 石油沥青的基本生产方法 4-6-30 石油焦的基本生产方法	2
第5章　六个问题谈原油评价及加工方案流程（小计）		（4）
5.1　三个问题谈原油及渣油评价	5-1-14 简述什么是渣油特征化参数K_H 5-1-15 用思维导图分析如何认识原油（方法论问题） 5-1-19 分析渣油评价的SFEF技术	3

续表

章节名称	课程思政问题编号及名称	课程思政问题
5.2　三个问题谈原油分类方法、加工方案及原则流程	5-2-20 稠油加工为什么会成为我国炼油技术发展中的一个难题	1
第6章　三十一个问题谈石油蒸馏（小计）		（9）
6.1　三个问题谈蒸馏概述	6-1-24 蒸馏操作与工业能耗关系（对双碳的影响）	1
6.2　四个问题谈石油及其馏分的蒸馏曲线	6-2-21 假组分法主要内涵（假组分的真价值）	1
6.3　四个问题谈石油体系的气液平衡	6-3-21 用思维导图分析理想体系相平衡计算内容及方法	1
6.4　六个问题谈原油蒸馏塔的操作特征	6-4-33 查资料，综述原油蒸馏装置节能技术研究现状	1
6.5　五个问题谈减压蒸馏塔的操作特征	6-5-7 减压塔底渣油的主要用途（物尽其用） 6-5-32 查文献，简单综述我国在常减压技术方面的成果	2
6.6　五个问题谈原油蒸馏工艺流程	6-6-21 具体问题具体分析是马克思主义的一条基本原则。如何理解原油的预蒸馏-常压蒸馏-减压蒸馏工艺过程，并不是具有全面的完全的适应性，而会遇到能耗和产品质量等各种问题，在具体生产实践中如何运用具体问题具体分析原则，采取相应的技术措施 6-6-29 请在原油蒸馏工艺中举若干例子说明：事物都是有其本质联系的	2
6.7　四个问题谈原油蒸馏塔的工艺计算	6-7-11 用思维导图分析如何确定蒸馏塔操作压力	1
第7章　十一个问题谈热加工过程（小计）		（4）
7.1　四个问题谈石油烃类热反应	7-1-9 为什么烃类热转化反应要在较高温度（比如400～550℃）下进行	1
7.2　四个问题谈焦化过程	7-2-35 我国是电解铝生产大国，查阅文献了解我国近年电解铝产量、电解铝用石油焦消费量，并由此说明延迟焦化的重要性 7-2-36 查阅文献了解我国近年针状焦的消费量和生产量以及针状焦生产工艺，由此谈谈你对我国发展针状焦生产的看法	2
7.3　三个问题谈减粘裂化	7-3-8 用思维导图分析减粘裂化的工艺流程	1

续表

章节名称	课程思政问题编号及名称	课程思政问题
第8章　三十个问题谈催化裂化（小计）		（16）
8.1　第一节　三个问题谈概述	8-1-16 第一套10×10^4吨/年催化裂化工业装置于1936年4月6日在美国Paulsboro投产运营。请从历史背景、技术的快速发展以及我国相关情况等方面深刻分析这句话 8-1-20 查文献，简要叙述催化裂化工业发展历史 8-1-22 结合我国生产实际，试述我国催化裂化工艺开发的现实需求	3
8.2　六个问题谈石油烃类催化裂化反应	8-2-29 催化裂化反应与热裂化反应比较 8-2-35 催化裂化装置是生产低碳烯烃的重要装置之一，目前采用MIP技术，生成的液化气产率可以达到20%～25%，未来炼油企业如果想通过催化裂化手段进一步提高低碳烯烃产率，应该在哪些方面进行改进	2
8.3　四个问题谈催化裂化催化剂	8-3-29 用思维导图分析热裂化反应与催化裂化反应的路径的不同 8-3-37 简单综述催化裂化催化剂发展的现状	2
8.4　三个问题谈催化裂化剂失活与再生	8-4-20 用思维导图分析工业提升管反应器内催化剂失活规律	1
8.5　二个问题谈催化裂化原料与主要产品	8-5-12 多产低碳烯烃的催化裂解（DCC）工艺 8-5-13 多产异构烷烃的催化裂化（MIP）工艺 8-5-22 我国催化裂化整体发展情况以及原料特征	3
8.6　五个问题谈催化裂化过程流态化原理	8-6-17 分析催化裂化催化剂的气-固流态化特征 8-6-25 简述气-固流化床CFD的模拟	2
8.7　三个问题谈催化裂化工艺过程	8-7-24 用思维导图分析催化裂化工艺的原则流程 8-7-26 用思维导图分析再生器应该具备的基本功能结构	2
8.8　四个问题谈反应-再生系统工艺设计	8-8-15 用思维导图分析如何进行两器压力平衡计算	1
第9章　二十九个问题谈催化加氢（小计）		（12）
9.1　四个问题谈加氢过程化学反应及动力学	9-1-30 读懂图9-a（油转化后的芳烃问题） 9-1-37 2013年9月10日，国务院就印发了《大气污染防治行动计划》，要求提升燃油品质。打赢蓝天保卫战，这也是党的十九大作出的重大决策部署。请你谈谈催化加氢在车用柴油质量升级中的地位和作用	2
9.2　四个问题谈加氢过程的催化剂	9-2-20 用思维导图分析作为加氢催化剂活性组分应该具有的几何特性和电子特性（我国专家及成就） 9-2-24 深度分析图9-b所揭示二元金属组合的关系	2

续表

章节名称	课程思政问题编号及名称	课程思政问题
9.3 六个问题谈加氢过程的工艺流程及操作条件	9-3-10 用思维导图分析柴油加氢精制流程 9-3-14 用思维导图分析两段加氢裂化工艺流程	2
9.4 四个问题谈重油加氢工艺	9-4-21 用思维导图分析悬浮床重油加氢技术原则流程	1
9.5 四个问题谈加氢过程的工艺计算	9-5-25 列出60×10^4吨/年大庆减压蜡油固定床加氢裂化工艺计算内容、步骤及所需的条件（数据和经验公式等）	1
9.6 三个问题谈加氢反应器及其他高压设备	9-6-21 我国最早的一套加氢裂化装置是什么时候建成的？其反应器结构 9-6-25 我国加氢反应器的设计制造现状	2
9.7 四个问题谈氢气的制取	9-7-24 用思维导图分析燃料的清洁性与氢气的关系 9-7-32 我国轻烃水蒸气转化法制氢催化剂的研究与制备现状	2
第10章 二十二个问题谈催化重整（小计）		（13）
10.1 三个问题谈概述	10-1-7 简述唯物辩证法普遍联系和永恒发展的观点 10-1-10 外行人（文学家、法学家、经济学家、艺术家、古诗词爱好者、小说家）见到“催化重整”一词会想些什么？你本人呢 10-1-12 用唯物辩证法普遍联系和永恒发展的观点简略谈谈你对催化重整与催化裂化、催化加氢的认识 10-1-16 从专业学习角度，你认为什么能力最重要 10-1-17 任举一例，说说你在专业学习中想到的辩证法问题	5
10.2 四个问题谈重整原料及预处理	10-2-14 用思维导图分析催化重整本质 10-2-26 谈谈你对思维导图的最新理解	2
10.3 五个问题谈催化重整反应	10-3-30 十问读懂图10-a（两个启示）	1
10.4 四个问题谈重整催化剂	10-4-23 简述我国重整催化剂研究开发情况 10-4-38 我国国Ⅵ车用汽油中对要求苯含量高于0.8%（体），而重整汽油（40-180）是车用汽油的调组分，但其苯含量是各种车用汽油调合组分中最高的，如何降低重整汽油中的苯含量	2
10.5 五个问题谈催化重整工艺流程及反应器	10-5-18 用思维导图分析重整工艺原理流程 10-5-20 用思维导图分析重整反应器、再生器结构特征	2
10.6 三个问题谈催化重整工艺计算	10-6-14 重整催化剂如何实现循环	1

续表

章节名称	课程思政问题编号及名称	课程思政问题
第11章　十二个问题谈溶剂分离过程（小计）		（6）
11.1　三个问题谈渣油溶剂脱沥青过程	11-1-22 简述用超临界溶剂对渣油进行脱沥青抽提的优势 11-1-23 我国润滑油基础油大多采用传统“老三套”工艺，“老三套”工艺是指哪3个工艺	2
11.2　三个问题谈润滑油溶剂精制	11-2-18 用思维导图分析如何作出图11-c 11-2-24 国内糠醛精制装置的能耗一般为1200～1800MJ/t，分析能耗的主要构成	2
11.3　四个问题谈润滑油溶剂脱蜡	11-3-27 分析鼓式真空过滤机的操作原理	1
11.4　三个问题谈芳烃抽提	11-4-11 用思维导图分析芳烃抽提的原理流程（能耗、新技术）	1
第12章　十一个问题谈炼油厂轻烃加工利用（小计）		（6）
12.1　二个问题谈炼油厂干气与苯烷基化制乙苯	12-1-20 分析中国科学院大连化学所炼厂干气制乙苯技术 12-1-21 分析中国石化上海石油化工院炼厂干气制乙苯技术 12-1-22 分析中国石化上海石油化工院炼厂干气制高辛烷值组分技术	3
12.2　三个问题谈碳四烷基化	12-2-19 烷基化催化剂的发展现状	1
12.3　三个问题谈小分子烷烃异构化	12-3-13 异构化反应催化剂发展现状	1
12.4　三个问题谈高辛烷值醚类的合成	12-4-20 如何由MTBE合成高纯异丁烯	1
第13章　九个问题谈石油产品精制与调合（小计）		（4）
13.1　三个问题谈轻质油品反应吸附脱硫精制	13-1-1 石油产品为什么要脱硫脱氮精制	1
13.2　三个问题谈炼厂气脱硫、液化气脱硫醇与润滑油白土精制	13-2-20 在我国，如果燃料中硫含量为20μg/g？则对环境可能产生怎样的影响	1
13.3　三个问题谈润滑油和燃料添加剂及油品调和	13-3-32 简要综述润滑油添加剂（可举其一）的研究现状 13-3-33 简要综述燃料添加剂（可举其一）的研究现状	2
课程思政问题合计		108

附录4

2021—2024年省级及以上教学竞赛获奖一览表

序号	年度	赛事名称	获奖	获奖教师姓名	课程/案例名称	备注
1	2021年度	广东省首届高校教师教学创新大赛	广东省二等奖	金焕	《混凝土与砌体结构（一）》	广东省教育厅主办，线下
2	2021年度		广东省二等奖	江蓉	《高等数学》	
3	2021年度		广东省二等奖	周莹	《英语演讲与口才》	
4	2021年度		广东省三等奖	谢玉鹏	《通信原理》	
5	2021年度		广东省三等奖	于月民、刘宝良、梁翠香、杨颖	《材料力学》	
6	2021年度		广东省三等奖	王丽、单书峰、林存辉、曾兴业	《石油化工工艺学》	
7	2021年度		广东省优秀奖	杨云英	《土木工程施工（一）》	
8	2021年度	广东省首届美育教师教学基本功大赛	广东省一等奖	吴峰风	《钢笔画艺术》	
9	2021年度		广东省一等奖	蒋快安	《声乐》	
10	2021年度		广东省一等奖	陈伟坚	《传统舞蹈动作的创新法》	
11	2021年度		广东省二等奖	胡洋	《合唱与指挥》	

续表

序号	年度	赛事名称	获奖	获奖教师姓名	课程/案例名称	备注
12	2021年度	广东省首届美育教师教学基本功大赛	广东省二等奖	金勤可	《设计概论》	广东省教育厅主办，线下
13	2021年度		广东省三等奖	李奕兰	《中西乐器演奏（古筝主修）》	广东省教育厅主办，线上
14	2021年度	首届全国高等院校化工原理课程教学能力大赛	全国一等奖	孟秀红	《化工原理》	中国化工教育协会举办，线下
15	2021年度	首届全国高等院校（本科）化工类专业教师课程思政能力大赛	全国二等奖	孟秀红	《化工原理》	中国化工教育协会举办，线上
16	2021年度	第五届全国高等学校电子信息类专业青年教师授课竞赛	全国三等奖	谢玉鹏	《通信原理》	中国电子学会举办，线下
17	2021年度	广东省首届高校大学数学课程教学创新示范交流活动	广东省一等奖	梁燕	《线性代数》	广东省数学会举办，线上教学（教学视频）比赛
18	2021年度		广东省二等奖	江蓉	《高等数学》	
19	2022年度	广东省第二届高校教师教学创新大赛	广东省二等奖	孙晋、周如金、王慧、范钦臻	《石油炼制工程》	广东省教育厅主办，线下
20	2022年度		广东省二等奖	陈梅芹、牛显春、邓辅财、吴少华	《大气污染控制工程》	

续表

序号	年度	赛事名称	获奖	获奖教师姓名	课程/案例名称	备注
21	2022年度	广东省第二届高校教师教学创新大赛	广东省三等奖	蒋快安、陈彤、麦雯、赵婷	《声乐》	广东省教育厅主办，线下
22	2022年度		广东省优秀奖	王倩、戴绍碧、廖志、廖正祝	《空气调节》	
23	2022年度		广东省优秀组织奖	广东石油化工学院		
24	2022年度	广东省第六届高校（本科）青年教师教学大赛	广东省一等奖	李奕兰	《古筝主修（二）》	广东省教育厅和广东省工会联合主办，线下
25	2022年度		广东省二等奖	秦慧博	《化工原理》	
26	2022年度		广东省二等奖	单书峰	《石油化工工艺学》	
27	2022年度		广东省二等奖	黄秀丽	《高级财务会计》《企业合并》	
28	2022年度		广东省二等奖	徐辉	《计算机网络》	
29	2022年度		广东省三等奖	胡洋	《合拍与原拍的运用》	
30	2022年度		广东省三等奖	庞磊	《沉积岩石学》	
31	2022年度		广东省三等奖	王刚	《胶体与界面化学》《乳状液》	
32	2022年度		广东省三等奖	熊岑	《酶促褐变》	
33	2022年度		广东省三等奖	杨云英	《土木工程施工（一）》	

续表

序号	年度	赛事名称	获奖	获奖教师姓名	课程/案例名称	备注
34	2022年度	第二届“智慧树杯”课程思政示范案例教学大赛	全国二等奖	江蓉	《高等数学》	东西部高校课程共享联盟运营服务单位智慧树网主办
35	2022年度		全国二等奖	金勤可	《设计概论》	
36	2022年度		全国二等奖	林存辉、吴世逵、张乐	《化工安全管理概述——培养学生工程师素养》	
37	2022年度		全国二等奖	王丽、单书峰、孙晋	《PX（对二甲苯）产业链——穿在身上的石油化工》	
38	2022年度		全国二等奖	马寅、刘和平、彭绍洪	《“变废为宝，转危为安”固体废物处理与处置课程思政改革与实践》	
39	2022年度		全国二等奖	庞磊、刘存革、胡明	《沉积岩石学》课程思政案例	
40	2023年度	广东省第三届高校教师教学创新大赛	广东省二等奖	单书峰、孙晋、林存辉、王丽	《石油化工工艺学》	广东省教育厅指导，广东省高等教育学会和中山大学主办，线下
41	2023年度		广东省三等奖	杨云英、金焕、郭红燕、李胜强	《土木工程施工（一）》	
42	2023年度		广东省优秀组织奖	广东石油化工学院		

续表

序号	年度	赛事名称	获奖	获奖教师姓名	课程/案例名称	备注
43	2023年度	第八届西浦全国大学教学创新大赛	全国特等奖	王丽、单书峰、孙晋、周如金、林存辉、曾兴业	《石油化工工艺学》	西交利物浦大学主办，线下
44	2023年度		全国最佳人气奖	王丽、单书峰、孙晋、周如金、林存辉、曾兴业	《石油化工工艺学》	
45	2023年度	第五届全国高校混合式教学设计创新大赛	全国一等奖	单书峰、王丽、孙晋、周如金、林存辉	《石油化工工艺学》	广东省教育厅指导，华南师范大学主办，线下，全国高校混合式教学设计创新大赛组委会、华南师范大学（代章）
46	2023年度		全国设计之星	单书峰、王丽、孙晋、周如金、林存辉	《石油化工工艺学》	
47	2023年度		全国优胜奖	薛鹏、吴登平、牛丽婷、陈星源、李天乐	《大学物理（二）》	
48	2023年度		全国优胜奖	马寅、刘和平、孙建腾、杨春平、王素华	《固体废物处理与处置》	
49	2023年度	2023年度广东高校新生入学教育微课征集活动	广东省三等奖	钟书文	《逐梦心灵路，携手共成长》	广东高校网络思想政治工作中心、广东高校易班发展中心主办，提交微课视频
50	2023年度		广东省三等奖	胡华	《当青春遇上爱国主义》	
51	2023年度		广东省三等奖	林衍君	《大学生新生入学教育微课——学业适应篇》	

续表

序号	年度	赛事名称	获奖	获奖教师姓名	课程/案例名称	备注
52	2023年度	2023年广东省高等学校物理基础课程青年教师讲课比赛	广东省二等奖	薛鹏	《大学物理》	广东省物理学会主办，线下
53	2023年度	2023“外教社杯”全国高校日语教师微课大赛（大学日语组）	全国一等奖	邓雅纯	《大学日语》	指导：教育部高等学校外国语言文学类专业教学指导委员会日语分委员会，主办：中国日语教学研究会、上海外国语大学中国外语教材与教法研究中心、上海外语教育出版社，提交材料和微课视频
54	2023年度		全国二等奖	吴华霞	《大学日语》	
55	2023年度	第六届全国数字创意教学技能大赛	广东赛区三等奖	吴良海	《图层混合模式》	主办：全国高等院校计算机基础教育研究会，承办：全国高等院校计算机基础教育研究会数字创意专业委员会，提交材料和微课视频
56	2023年度	第六届全国高等学校电子信息类专业青年教师授课竞赛	全国三等奖	谢玉鹏	《通信原理》	中国电子学会举办，线下
57	2023年度	第七届全国高等学校电子信息类专业青年教师授课竞赛	华南赛区三等奖	谢玉鹏	《通信原理》	中国电子学会举办，提交材料和教学视频

续表

序号	年度	赛事名称	获奖	获奖教师姓名	课程/案例名称	备注
58	2023年度	第三届全国本科院校化工类专业教师课程思政能力竞赛	全国一等奖	单书峰	《石油化工工艺学》	中国化工教育协会主办，线下
59	2023年度		全国一等奖	孙晋	《石油炼制工程》	
60	2023年度	首届“智慧树杯”混合式教学案例创新大赛	全国一等奖	薛鹏、吴登平、何颖君	《大学物理（二）》	智慧树网主办，提交材料和视频
61	2023年度		全国二等奖	庞磊、胡明、孙同文	《油气地质项目综合实践》	
62	2023年度	第三届“智慧树杯”课程思政示范案例教学大赛	全国特等奖	孙晋、周如金	《石油炼制工程》课程思政教学案例	国家级课程思政研究中心与智慧树网主办，提交材料和教学视频
63	2023年度		全国特等奖	薛鹏、吴登平、陆霁	《大学物理（一）》课程思政教学案例	
64	2023年度		全国一等奖	郑少惠	《商务口译》课程思政教学案例	
65	2023年度		全国二等奖	班建峰、潘露露、姚祺	《探究高分子物理奥秘，开启人身锦绣前程》	
66	2023年度		全国二等奖	陈仁莲、江蓉、车冠贤	《线性代数》课程思政教学案例	
67	2023年度		全国二等奖	单书峰、王丽、林存辉	《对二甲苯的生产与转化》	
68	2023年度		全国二等奖	梁燕、肖劲森、何舒颖	《线性代数》	

续表

序号	年度	赛事名称	获奖	获奖教师姓名	课程/案例名称	备注
69	2023年度	第三届“智慧树杯”课程思政示范案例教学大赛	全国二等奖	马寅、刘和平、李宗宝	《“破”与“立”辩证关系下〈环保设备基础〉课程思政教学改革与实践》	国家级课程思政研究中心与智慧树网主办，提交材料和教学视频
70	2023年度		全国二等奖	汤志梅	《营养食品学》课程思政教学案例	
71	2023年度		全国二等奖	王慧、程丽华、范钦臻	《石油炼制工程》	
72	2024年度	广东省第四届高校教师教学创新大赛	广东省一等奖（同时为特等奖获得者）	张乐、秦慧博、孟秀红、刘淑芝	《化工原理》	广东省教育厅指导，广东省高等教育学会和南方医科大学主办，线下
73	2024年度		广东省二等奖	薛鹏、吴登平、牛丽婷、陈星源	《大学物理》	
74	2024年度		广东省三等奖	廖军秋、潘露露、班建峰、史博	《高分子化学（含课程实验）》	
75	2024年度		广东省优秀奖	余丽琼、曾海亮、尹启华、刘根	《市场营销学》	
76	2024年度		广东省优秀奖	谢玉鹏、崔得龙、郭继坤、陈信	《通信原理》	
77	2024年度		广东省优秀组织奖	广东石油化工学院		